# Przybyszewski
# versus
# Strindberg

## Die Rache eines Narzissten

von

Maria Sand

Bibliografische Information der deutschen
Nationalbibliothek:

Die deutsche Nationalbibliothek verzeichnet
diese Publikation in der deutschen
Nationalbibliografie; detaillierte
bibliografische Daten sind im Internet über
http://dnb.dnb.de abrufbar
© 2022, Maria Sand
Herstellung und Verlag:
BoD – Books on Demand, Norderstedt
ISBN 9783755780861

# Rette sich wer kann!

Stanisław Przybyszewski wurde am 7. Mai 1868 in Preußen geboren. Sein Vater war Dorfschullehrer. Sehr viel mehr weiß man über seine Kindheit nicht. Denn was er darüber behauptete, darf man nicht alles einfach als Wahrheit hinnehmen. Denn mit der Wahrheit nahm er es nicht so genau.

Über sein weiteres Leben ist einiges mehr bekannt. Was ihm nicht angenehm gewesen sein dürfte war, dass seine Kritiker nicht unbedingt mit seiner Selbstdarstellung überein stimmten.

Liest man was Wikipedia über ihn schreibt, erhält man den Eindruck, dieser Mann sei ein lieber, netter Mensch gewesen, der Großes geleistet hat und zu Unrecht in Vergessenheit geriet. Doch die Realität sah doch etwas anders aus. Seine Zeitgenossen hielten nicht alle sehr viel von ihm. Bis auf gewisse Ausnahmen natürlich. Zwar wird behauptet, er habe Freunde gehabt. Doch es waren eher Saufkumpane, mit denen er sich unter anderem im "schwarzen Ferkel", in München, regelmäßig traf. Gleichgesinnte, unter denen einige waren, die wie er auch, Frauen hassten.

Zu diesen Saufkumpanen zählte auch Strindberg, denn ohne den hätte es diese Gruppe vermutlich gar nicht gegeben. Aus einem einfachen Grund: er zahlte meistens die Zeche. Obwohl er selbst immer wieder große finanzielle Schwierigkeiten hatte. Mit Geld konnte er nämlich nicht umgehen. In dieser Hinsicht unterschied er sich nicht von Przybyszewski. Dass sich dort viele Leute trafen war kein Wunder, gab es doch für alle häufig Getränke gratis. Die Runde zerfiel, als Strindberg abreiste. Der Gönner verschwand.

Schon bald danach distanzierte sich Strindberg von den sogenannten Freunden, die zum Teil gefährliche Psychopathen waren.

Man suchte und fand manchmal Gönner und Förderer in derartigen Kreisen und man konnte sich wichtig fühlen, egal ob die eigenen Werke ein größeres Publikum erreichten, oder nicht. Es war sozusagen eine doppelte Hilfestellung, denn nicht jeder konnte von seinen Werken leben. Was bei den meisten von ihnen der Fall war. Sehr oft erreichten sie auch nicht ihr Ziel, berühmt zu werden, oder jedenfalls nicht in dem Ausmaß, dass man davon hätte leben können. Zumindest konnte man später sagen man war dabei, gehörte dazu.

Von Geldnot waren die meisten Künstler, Dichter und Schriftsteller betroffen und selbst Nietzsche konnte seine Werke nicht an den Mann, oder an die Frau bringen und musste deshalb anfangs einige wenige Exemplare verschenken, um überhaupt gelesen zu werden. Damals war er noch nicht die "Lichtgestalt", für die man ihn heute hält. Berühmt wurde der Philosoph nur, weil er von einer kleinen Gruppe entdeckt und gefördert wurde. Man rührte für ihn die Werbetrommel und das half. Ansonsten hätte man ihn übersehen, oder nicht genug geschätzt. Werbung macht sich eben bezahlt. Wenn einige Menschen an etwas, oder an jemanden glauben, schließen sich viele an. Schon bald wird aus einem Niemand eine wichtige Persönlichkeit, die große Weisheiten verkündet.

Der Schriftsteller und Maler Max Dauthendey zählte ebenfalls zum Ferkel Kreis. Er hatte dadurch natürlich auch Kontakt zu Przybyszewski. Dessen Beziehung zu Dagny Juel und das Verhältnis von ihr zu Munch, hat er als Dreiecksgeschichte in seiner Komödie "*Maja*" (1911) verarbeitet. Einer seiner Aussprüche sagt mehr und deutlicher als jede wissenschaftliche Abhandlung, worum es so manchem bei diesen Zirkeln in erster

Linie ging. Als er auf sich alleingestellt war, schrieb er folgendes an seine Frau.

*Am 16. April 1903: „Denn ich bin hier unter so jungen dummen Leuten, die alle rechnen und nie künstlerisch auszugeben verstehen. Es sind eben alles junge, egoistische Menschen, die wie Schulknaben disputieren und handeln.“*

– Geibig, S. 36

Ohne passenden "Gönnerkreis" fiel ihm das Leben schwer, wie so vielen anderen seiner Kumpane auch. *Seinen Lebensunterhalt bestritt er deshalb größtenteils aus Leihgaben und Geschenken, Vorschüssen und seltenen Honoraren. Als Künstler hielt er sich für berechtigt, einen gehobenen Anspruch für seine Lebensweise zu stellen und gegenüber dem Eigentum Anderer eine gewisse Unempfindlichkeit an den Tag zu legen. Seine Freundin, die Malerin*

*Gertrud Rostosky verkaufte sogar Bilder, um den Erlös Dauthendey zur Verfügung zu stellen.*

(1)

Selbstverständlich hatte auch Przybyszewski ständig finanzielle Probleme. Da war die Freundschaft mit einem bereits bekannten, erfolgreichen Schriftsteller und Dichter ganz praktisch. Was er wirklich über Strindberg dachte, erfuhr man erst nachträglich, als er seine Sicht der angeblichen Freundschaft in einem Buch so darstellte:

In seinem Buch „Ferne komm ich her - Erinnerungen an Berlin und Krakau" (Igel Verlag) schrieb er eine vernichtende und zum Teil verlogene Kritik über Strindberg. Er versuchte gleichzeitig sich selbst besser darzustellen, als er war. Niemand hatte erwartet, gerade von ihm so viel Schlechtes über Strindberg zu behaupten.

Hatte er sich doch zuvor als guter Freund dargestellt. Doch ein Narzisst ist kein Freund für andere, weil er nicht fähig ist, Gefühle für andere Lebewesen zu empfinden. Ein Narzisst war er mit Sicherheit.

Wie der Pole mit anderen Menschen umging, zeigt eine kleine Episode.

*Eine so bedeutende Summe, meinte er (es ging um 600 Kronen), müsse er der Kasse seines Geschäfts entnehmen und könne sie deshalb nur gegen eine sichere Deckung verleihen. Przybyszewski war erbost, ging die Bedingung aber ein. Ha, war das ein Wechsel. Krakaus ganze Halbwelt, die gesamte Ziganerie, hatte unterschrieben; etwa zwanzig Namen bürgten für die ausgestellte Summe. Stach übergab den Wechsel und kassierte das Geld, worauf er mit Gabryelski Katz und Maus zu spielen begann. Er machte ihm zweideutige Komplimente, dass er, Herr Zdzisław Gabryelski, der große Herr, dieser subtile Mensch, sich mit diesem Wechsel einen ganz hervorragenden Spaß erlaubt hatte: Es freute ihn, dass man ihn verdächtigte, ein solches Schwein zu sein, von einem Freund, einen Wechsel zu verlangen. Jetzt sollte er es den anderen aber zeigen, den Wechsel in großzügiger Weise zerreißen usw. Przybyszewski brachte es tatsächlich fertig, dass Gabryelski – von Spott und Hohn verfolgt – mit gequältem Gesicht den Wechsel hervorholte und zerriss. Worauf ihn Przybyszewski gerührt umarmte und die ganze Gesellschaft zu Turlinski einlud. Hier bestellte er zwanzig Flaschen Champagner, bezahlte alles im Voraus (natürlich mit dem so schwer erkämpften Geld), ließ alle Flaschen öffnen, schielte dabei mit einem sadistischen Grinsen zum vor Wut blass werdenden Gabryelski und sonnte sich in dessen Qualen."*

*Die Zechbrüder hatten kaum am Champagner genippt, als Przybyszewski das Zeichen zum Lokalwechsel gab und Jedenfalls begab man sich in eine nahegelegene Kneipe, wo die Exekution am übriggebliebenen Kapital stattfand.*

*(2)*

Der Name den Strindberg in seinem Roman dem später feindlichen Przybyszewski verpasste, war Popovski. Sicher nicht um sich über dessen Namen lustig zu machen, sondern der Einfachheit halber. Oder er bezeichnete ihn als "der Pole", was ich hier übernommen habe. Im Freundeskreis nannte man ihn Stachu, wie er auch als Kind gerufen wurde, weil offenbar niemand den polnischen Namen aussprechen konnte, oder man bezeichnete ihn als "der geniale Pole".

Przybyszewski war Satanist, zumindest hielten ihn andere dafür, was er aber nicht so sah, Säufer und Frauenhasser. Sex war ihm wichtig, was daraus resultierte weniger: seine Kinder. Ein Vater war er nicht. Nur ein Erzeuger. Was aus den Kindern wurde, kümmerte ihn nicht. Offenbar hatte er Erfolg bei Frauen, obwohl er kein Hehl aus seinem Hass ihnen gegenüber machte.

Wie der Pole selbst schreibt, versuchte er Strindberg mit schwarzer Magie und mit Fernbeeinflussung bekannt zu machen. Was bei diesem zeitweise zu Psychosen führte, vor allem aufgrund des exzessiven Drogenkonsums, welchen weder Strindberg, noch irgendwer sonst und schon gar nicht Przybyszewski, als solchen erkannte. Was letzterem vermutlich auch egal gewesen wäre, denn ihm ging es darum, andere Menschen zu beherrschen und psychisch zu vernichten. Das fiel ihm nicht schwer, weil in seinem Umfeld neben Alkohol auch Drogen und sogar ein Nervengift im Absinth (Thujon) konsumiert wurden. So war es möglich, auch ohne großes Zutun, Menschen psychisch fertig zu machen.

Damals für jeden einfach in der Apotheke erhältlich und von Ärzten zum Teil verschrieben, erhielt man so ziemlich alles, was heutzutage verboten ist. Dazu eben noch Thujon, ein Nervengift im Absinth, den man sowieso in jedem Beisl bekam.

Viele Menschen wurden unbewusst zu Drogenabhängigen gemacht und endeten im Elend, oder auf der Psychiatrie, wenn sie sich nicht gleich das Leben nahmen. Strindberg war nur einer dieser zahlreichen Geschädigten. Vermutlich teilten auch alle seine echten und falschen Freunde sein Schicksal. Er hatte das Glück - im Gegensatz zu vielen anderen - die Gefahr zumindest teilweise zu erkennen. Deshalb hörte er wenigstens gegen Ende seines Lebens auf, Absinth zu trinken.

Es ist schwer, die Literaten, Dichter und Künstler der damaligen Zeit richtig einzuschätzen. Denn die meisten von ihnen waren durch  diese leicht erhältlichen und allgemein akzeptierten Drogen und Gifte geschädigt. Man erinnere sich, dass selbst der Arzt und Psychiater Freud unter einer Suchtkrankheit litt.

„Es scheint, als sei die gesamte europäische Elite der Literatur und der bildenden Künste im Absinthrausch durch das ausgehende 19. und beginnende 20. Jahrhundert getorkelt.", schreiben dazu Hannes Bertschi und Marcus Reckewitz, Von Absinth bis Zabaione, Argon Verlag.

Moderne Absinthtrinker meinen: *Der Absinth-Rausch ist einfach etwas ganz besonderes... sollte man auf jeden Fall ausprobiert haben!*

(5)

Dabei ist der Absinth, der heute verkauft wird, im Gegensatz zum damaligen, absolut harmlos.

*Viele berühmte Künstler konsumierten Absinth und viele Künstler widmeten dem Getränk ihre Bilder. Oscar Wilde schrieb: "Das erste Stadium ist wie normales Trinken, im zweiten fängt man an, ungeheuerliche, grausame Dinge zu sehen,*

aber wenn man es schafft, nicht
aufzugeben, kommt man in das dritte
Stadium, in dem man Dinge sieht, die man
sehen möchte, wundervolle, sonderbare
Dinge", so beschrieb Oscar Wilde die
Besonderheit des Absinths.

(6)

Auf dem Höhepunkt seiner Popularität
stand das Getränk in dem Ruf, aufgrund
seines Thujon-Gehalts abhängig zu
machen und schwerwiegende
gesundheitliche Schäden hervorzurufen.
1915 war das Getränk in einer Reihe
europäischer Staaten und den USA
verboten. Moderne Studien haben eine
Schädigung durch Absinthkonsum nicht
nachweisen können; die damals
festgestellten gesundheitlichen Schäden
werden heute auf die schlechte Qualität
des Alkohols und die hohen konsumierten
Alkoholmengen zurückgeführt.

Weitere Inhaltsstoffe neben dem Thujon waren:

Ein zusätzliches Problem des Absinths des 19. Jahrhunderts war, dass der verwendete Alkohol oft minderwertig war und viel Amylalkohol und andere Fuselöle enthielt. Auch Methanol, das Schwindel, Kopfschmerzen und Übelkeit bewirkt und als Spätfolge Erblindung, Schüttellähmung oder bei einer Überdosis den Tod nach sich zieht, war im damaligen Absinth enthalten.[11] Um dem Absinth seine charakteristische Farbe zu verleihen, wurden bisweilen Zusatzstoffe, wie z. B. Anilingrün, Kupfersulfat, Kupferacetat und Indigo zugesetzt. Ebenso wurde Antimontrichlorid hinzugefügt, um den Louche-Effekt (die milchige Trübung des sonst klaren Getränks, wenn es mit Wasser verdünnt oder sehr stark gekühlt wird) hervorzurufen.[10] Jedoch lagen die in historischen Proben gefundenen Konzentrationen potenzieller Schadstoffe

*wie Pinocamphon, Fenchon,*
*Alkoholverunreinigungen, Kupfer- und*
*Antimon-Ionen in einem für den*
*Rückschluss auf Absinthismus*
*unverdächtigen Bereich.*

(7)

Das mag schon stimmen, aber wenn man
zusätzlich noch andere Drogen
konsumiert, wird die Wirkung vermutlich
verstärkt.

Betrachtet man genauer, was die damalige,
vor allem männliche "Intelligenz", Frauen
waren ja nur am Rande mit eingebunden,
weil unerwünscht, die Dichter und Denker,
die Künstler und solche die es gerne
gewesen wären, alles intus hatten, kann
man mit Fug und Recht behaupten, dass
ihre Hinterlassenschaften nicht immer
großartige Geistesblitze waren, sondern
oft eher eine Kloake abstoßender
Gedanken, aufgrund vernebelter Gehirne.

Vieles was später von den Nazis als ewige Wahrheit postuliert wurde, haben ursprünglich Angehörige dieser Elite aufgebracht. Ob man sie als Schuldige betrachten sollte, weiß ich nicht. Immerhin haben sie nicht freiwillig und bewusst den Schritt in eine katastrophale Abhängigkeit von Psycho Substanzen getan. Nicht so wie nachfolgende Generationen, welche es "cool" fanden, mit ebensolchen Substanzen zu experimentieren. In der irrigen Auffassung, auf diese Weise das Bewusstsein "erweitern" zu können.

Wurden sie durch die Drogen psychisch ver- und zerstört, oder brachten diese bloß die Abscheulichkeiten bereits vorhandener Gedanken zum Vorschein? So oder so, scheint Satan tatsächlich ein Produkt von Drogen zu sein, oder sie entfesseln ihn einfach nur, nachdem er zuvor in den Seelen der Menschen schlummerte. Da ist nämlich nichts, was man als positive

24

Entwicklung ansehen könnte. Nur brutale Zerstörung.

Nicht die Auflehnung gegen die bürgerliche Gesellschaft und gegen die Zwänge der Religion war das Böse am Satanismus, sondern die Selbstzerstörung und der aufflammende Hass gegen alles Lebendige. Es ist wohl auch kein Zufall, dass gerade zu dieser Zeit die grausamen Tierversuche aufkamen. Rassismus, Antijudaismus, Frauenfeindlichkeit, waren allgegenwärtig und wurden durch die neue Elite nicht bekämpft, sondern verstärkt und auf verschiedene Weise ausgelebt. Eine Elite, die noch dazu Kontakt in höchste politische Kreise hatte.

Die sogenannten Satanisten veröffentlichten einen furchtbarer Mix aus Abscheulichkeiten. Ganz offen wurde das Schlechteste im Menschen offen gezeigt, sowie als richtig und notwendig dargestellt. Doch das betraf auch Künstler und Schriftsteller, Dichter und Denker, die mit Satanismus nichts zu tun hatten. Aber trotzdem kamen diese Gedanken bei ihnen an. Das war die große Chance für Leute wie den Polen. Er schwamm auf der Welle der Entfesselung niedrigster Instinkte, lebte sie real aus und berief sich dabei auf die Kunst und die Literatur.

Die große Masse der Menschen konnte dadurch nicht positiv beeinflusst werden. Was auch nicht Ziel der Akteure war. Diese wollten zerstören und verstören, um Neues zu erschaffen. Ja das geht. Neues das sich etabliert, zerstört immer Altes. Das taten sie aber nicht. Im Gegenteil verstärkten sie alte Vorurteile, die sowieso schon im Volk vorhanden waren und bereiteten den geistigen Boden für den Aufstieg des Faschismus und ein Wiedererstarken der allgemeinen Frauenfeindlichkeit. Man zerrte alte Mythen aus der Mottenkiste, statt die Wissenschaft voran zu treiben. Allerdings war es ja gerade die

"Wissenschaft", die medizinische Forschung, den den Satan entfesselte. Ein wahrer Teufelskreis, in dem große Teile der europäischen Bevölkerung fest steckten und den sie nicht durchbrechen konnten.

Auch die sogenannte "normale" Bevölkerung entging selbstverständlich der "Kunst der Ärzte" nicht. Vom Baby bis zum Greis, behandelten die Mediziner alle Patienten mit Opium und anderen gefährlichen Substanzen. Zerrüttete Seelen, geschädigte Gehirne, machten es den Verführern dann leicht. Bücher und Zeitungen verbreiteten zudem menschenverachtende Theorien. Hass an allen Ecken und Enden.

Fast jeder Durchschnittsensch in der europäischen Gesellschaft war entweder rassistisch, antisemitisch, oder frauenfeindlich. Sogar viele Frauen glaubten, der Hass, der ihnen entgegen schlug, sei gerechtfertigt. Frauen hätten es verdient, Frauen seien dümmer als Männer, hilflos ohne Beschützer. Dazu kam die neue Theorie Darwins, die plötzlich alle Schuld tilgte, die Menschen auf sich laden konnten. Denn wenn es keinen Gott braucht, dem man Rechenschaft ablegen muss, ist alles erlaubt.

Eine verlorene Gesellschaft.

Als Strindberg Przybyszewski kennen lernte, war dieser bereits Alkoholiker. Sobald er einige Gläser Alkohol trank, war er stockbesoffen. Im Gegensatz dazu, wirkte Strindberg nie betrunken. Aber er machte dafür oft den Eindruck, geisteskrank zu sein. Was nicht verwundert, liest man sich durch, was ihm Ärzte alles verschrieben hatten, nachdem er unter Erschöpfungszuständen gelitten hatte. Was Przybyszewski neben dem Alkohol, dem er reichlich zu sprach, noch alles genommen hatte, ist mir nicht bekannt. Ich vermute aber, so ziemlich alles was zu bekommen war. Denn in seinem Roman "Homo Sapiens" schreibt er: "*Die Gewöhnung an das Opium ist Anfangs sehr schmerzhaft, wird erst in der Länge zum Genuß. Über das endgültige Wesen des Gefühls entscheidet also nur die Dauer desselben.*" Klingt nach einem, der es selbst ausprobiert hat.

Abgesehen davon war er mit Sicherheit psychisch krank, vermutlich nicht nur weil er Alkoholiker war. Erst gegen Ende seines Lebens entschloss auch er sich, eine Entziehungskur zu machen. Sie dauerte bis zu seinem Tode an.

Der Einfluss des "genialen" Polen begann während Strindbergs Aufenthalt in Deutschland, hielt jedoch nicht allzu lange an. Anfangs war alles eitel Wonne. Beide Männer prahlten damit, die ersten zu sein, die für sexuelle Freizügigkeit kämpften und das war eigentlich auch schon so ziemlich alles, was sie gemeinsam hatten. Allerdings hatte jeder von ihnen eine andere Vorstellung dessen, was sexuelle Freizügigkeit ist. Für Przybyszewski war es nur eine Ausrede dafür, Frauen sexuell auszubeuten.

Strindberg hatte als junger Mann beobachtet, wie Jugendliche in schwedischen Dörfern ganz ungeniert miteinander verkehrten. Genau das ist sexuelle Freizügigkeit. Vermutlich hat sich unter anderem aufgrund dieser Beobachtung seine Einstellung dazu gebildet. Für ihn war Sex etwas Normales, mit dem er keinerlei Schwierigkeiten hatte. Aber er hatte sie nicht erfunden, denn das gab es schon immer in manchen Gesellschaften. Daran konnte auch die Religion nichts ändern.

Für Przybyszewski dürfte die Erkenntnis, in sexueller Hinsicht plötzlich frei zu sein, das Leben komplett geändert haben.

Wenn ein Narzisst jemanden beherrschen möchte, versucht er dessen Selbstbewusstsein zu untergraben. Das beginnt meistens damit, dass er sich über sein Opfer lustig macht. Regt es sich darüber auf, sagt er, man könne doch nicht so angerührt sein, schließlich habe er nur Spaß gemacht. Das kann direkt ablaufen, oder indem er andere Personen in sein Spiel mit einbezieht, es also verleumdet.

Przybyszewski machte sich unter anderem über Strindbergs angeblichen Verfolgungswahn lustig. Den er zum Teil ausgelöst hatte, indem er den Dichter bedrohte und indem er ihn sowohl zum Okkultismus, als auch zu sozialistischen Ideen führte. Das war ein wunder Punkt seines Opfers. Den nützte er in jeder Beziehung aus. Strindberg zweifelte selbst nämlich zeitweise an seinem Verstand.

Doch war dieser angebliche Verfolgungswahn wirklich ungerechtfertigt?

Aus Schweden hatte der Dichter fliehen müssen, um seine Familie vor Anfeindungen zu schützen. Seine Stücke wurden in Deutschland zum Teil sogar polizeilich verboten, was er in einem Brief an seinen Übersetzer erwähnt. Über

Mangel an Feinden konnte er sicher nicht klagen. Dieser auffällige Mensch entging dem wachsamen Auge staatlicher Ordnungshüter nicht. In Schweden stellte man ihn wegen seiner Stücke vor Gericht. Obwohl er frei kam, wirkte dieser Prozess in seiner Seele nach. Er floh mit Frau und Kindern in die Schweiz, wo seine psychischen Probleme erst so richtig begannen. Sein Fehler war, einen Arzt wegen seiner, bereits erwähnten, Erschöpfungszustände aufzusuchen. Ärzte waren sehr gefährlich. Zudem hatte er viele falsche Freunde, die eifersüchtig auf seinen Erfolg waren.

*Auch Marcel Rejas diagnostizierte zwar "eine Art Verfolgungswahn" bei Strindberg, aber er hatte den Eindruck, dass der Dichter in Wirklichkeit von den weniger bedeutenden Kollegen und Neidern angegriffen wurde, und dass man in seinem eigenen Land seine Bedeutung nicht erkannte.*

Diesen angeblichen „Verfolgungswahn" versuchte Przybyszewski gezielt noch weiter zu verstärken. Er war offenbar ein extrem manipulativer Mensch, ohne Mitleid und ohne Gewissen. Geschickt benützte er andere, um sich selbst an ihnen aufzurichten. Denn darum geht es dem Narzissten. Vieles von dem was er Falsches über andere verbreitete, wurde von unbedarften Kritikern übernommen und ausgeschlachtet. Mit seinem Hass verfolgte er den Dichter auch noch nach dessen Tod. So warf er ihm beispielsweise vor, zu weiblich zu sein und beschrieb ihn in seinem Buch spöttisch: als weibliche, völlig unbehaarte Figur. Was vermutlich öfter bei nordischen Männern vorkommen wird. Die Volksseele assoziiert aber Männlichkeit mit starker Körperbehaarung und rauen Gesichtszügen. Seine Schilderung war daher eine Art von symbolischer Kastration des ungeliebten Konkurrenten. Gekonnt griff er die ihm bekannten Schwachstellen seiner Opfer auf, um sie zu demütigen und zu manipulieren.

Strindberg war sicher nicht sein einziges, derartiges Opfer. Seine Frauen werden unter ihm ganz besonders gelitten haben.

Doch wie kam es, dass Przybyszewski und Strindberg scheinbar zu "Freunden" wurden? Sie waren ein ungleiches Paar.

Das ist leicht erklärt. Der viel jüngere Pole profitierte von der neuen Bekanntschaft mit dem bekannten Dichter. Er schrieb auch gerne bei anderen ab und wird sicher so einiges vom älteren Kollegen abgekupfert haben. Außerdem war eben der Alkohol oft kostenlos, weil Strindberg zahlte. Für ihn gab es nur Vorteile. Solange ein Narzisst von einem anderen Menschen profitiert, kann er auch Freundschaft vortäuschen. Solche Leute sind mitunter zu anderen sehr charmant und liebenswürdig. Am Anfang einer Beziehung heben sie ihr Opfer in die Höhe, um es dann umso tiefer fallen zu lassen.

Umgekehrt hatte Strindberg durch diese Beziehung wenig zu gewinnen. Sein ganzes Leben lang fühlte er sich als Büßer. Von daher wird er auch viele Gemeinheiten des "Freundes" eingesteckt haben, ohne sich ernsthaft zu wehren. Allerdings war er mehr oder weniger alleine und suchte deshalb Freunde, die ihn verstehen konnten. Er hatte nämlich nur sehr wenige. Der Erfolg, der Ruhm machte ihn einsam.

Was gibt es schändlicheres für einen Frauenhasser, als Weiblichkeit beim Mann? Im Grunde genommen war es wohl sein eigenes Problem, das er zu kompensieren versuchte, indem er Strindberg öffentlich als halbe Frau darstellte. Er dachte wohl, das publik zu machen würde seine Leser dazu bringen, Strindberg zu verachten. Das war sein Ziel. Erreicht hat er es nicht.

Probleme mit seiner Männlichkeit schien der Dichter zu haben, seit er mit Frieda Uhl verheiratet war. Sie brachte ihren Mann in große Verlegenheit, weil sie seinen Penis für zu klein fand. Er verstand nicht, wieso sie überhaupt darüber urteilen konnte, war sie doch angeblich noch nie vorher mit einem anderen Mann intim geworden. Ihre Kritik ließ ihn an ihrer Behauptung zweifeln. Darüber schrieb er ganz offen. Also kann es für ihn nicht so traumatisch gewesen sein. Was der Pole vermutlich nicht verstehen konnte.

Ich nehme an, hätte jemand ihn als unmännlich bezeichnet, wäre das für ihn eine Katastrophe gewesen. Er wusste sicher von dieser Szene im Leben des Dichters. Schließlich hatte er die Bücher des "Freundes" gelesen. Da jedoch die meisten Menschen von sich auf andere schließen, erkennt man an diesem Seitenhieb Przybyszewskis, eigene Probleme und Ängste, nicht die seines Opfers.

Psychopathen und Narzissten erkennen zwar meistens genau, wo sie ansetzen müssen, um jemanden fertig zu machen, immer funktioniert diese Masche jedoch nicht. Nämlich wenn das Opfer ganz anders denkt als der Angreifer. Das dürfte in dieser Beziehung zwischen den beiden Schriftstellern der Fall gewesen sein. Offenbar gingen die Angriffe deshalb oft ins Leere.

Solange eine Beziehung zwischen Täter und Opfer besteht, wird es immer Erniedrigungen geben. Das muss nicht immer dramatisch verlaufen. Doch gibt es eine Trennung durch das Opfer, reagiert der Narzisst mit Wut und Hass. Es ist für ihn eine Niederlage. Er versucht sich zu rächen, denn wenn einer von beiden die

Trennung herbei führt, darf nur er das sein.

Posthum kann man jedoch niemandem das Selbstbewusstsein rauben, oder ihn psychisch, vielleicht sogar physisch zerstören. Doch man kann eine Person auch nach deren Tod "unmöglich" machen. Genau das hat der Pole mit seinem verleumderischen Buch versucht. Es hat insofern in dieser einen Sache nicht geklappt, als nachkommende Generationen ihr Bild von der Frau korrigierten. Männer wurden nicht mehr verlacht, wenn sie auch weibliche Züge aufwiesen. Das Buch hat Strindberg in diesem Fall weniger geschadet, als seinem Autor. Nur blieb es eben nicht dabei.

Was Strindbergs gescheiterte Ehen betraf, wird vieles an ihm selbst gelegen haben. Wobei ich hier wieder die „Medikamente", also die Drogen ins Spiel bringen muss, welche ihm zusetzten. Ganz schuldlos waren im Übrigen auch seine Frauen nicht immer. Das galt im Besonderen für Frieda Uhl. Der große Altersunterschied mag auch eine Rolle gespielt haben. Siri von Essen war vermutlich die einzige Frau, die zu ihm passte. Sie blieb auch immer die wichtigste Person in seinem Leben.

Diese Ehe war anfangs nicht so unglücklich, wie oft dargestellt. Siri dankte ihm sogar vor Zeugen für die glückliche Zeit, während sie noch in der Schweiz lebten. Damals kam es, wie bereits erwähnt, zu den ersten Erschöpfungszuständen Strindbergs und in deren Folge zum ersten Drogenkontakt.

In Frankreich nahm das Unheil dann so richtig seinen Lauf, als zusätzlich der teuflische Absynth seine Wirkung entfachte.

Die Ehe mit Frieda Uhl war von Anfang an zum Scheitern verurteilt, auch ohne

Strindbergs Drogenproblem. Sicher hat sie
zumindest Haschisch geraucht. Beim Arzt
wird sie wohl auch hin und wieder
gewesen sein. Sie änderte oft plötzlich ihr
Verhalten, was jeden Menschen irritieren
würde. Das weist auf psychische Probleme
hin, die vermutlich auch durch
Drogenkonsum ausgelöst wurden. Bald
versuchte sie ihn zu dominieren. Über ihre
Schwangerschaft war sie unglücklich,
stattdessen hätte sie gerne seinen Sohn
adoptiert – was Siri von Essen, dessen
Mutter - selbstredend ablehnte. Allerdings
war Frieda selbstbewusst genug, um ihren
Mann vor den falschen Freunden zu
warnen. Sie empfand deren Verhalten als
abscheulich. Ihrem Einfluss hatte
Strindberg es vermutlich zu verdanken,
dass er sich von ihnen abwandte.

Nun hasste und verachtete Przybyszewski
Frauen. Übrigens im Gegensatz zu
Strindberg, der Frauen liebte. Sie waren
das Band, mit dem er an das Leben

gekettet war, die Ursache für seine sexuellen Gelüste. Davon wollte er zwar frei sein, aber er machte nicht die Frauen dafür verantwortlich. Als er noch zur Schule ging, empfand er es sogar als Erleichterung, nach Jahren nur unter Buben, endlich auch in eine Schule zu kommen, in dem es gemischte Klassen gab. Daran fand er nichts Verwerfliches. Das alleine zeigt schon, dass Strindberg mit Frauen keine Probleme hatte. Zudem war er insofern einsichtig, als er Frieda Uhl großes Talent bescheinigte. Sie hatte einen Artikel geschrieben, den er erst spät gelesen hatte. Öffentlich entschuldigte er sich für seine Engstirnigkeit, die ihn hatte glauben lassen, sie wäre nicht zu großen Gedanken fähig - weil sie eine Frau war. Ihm wurde bewusst, dass er sich vom allgegenwärtigen Frauenhass anstecken hatte lassen.

Genüsslich behauptet nun der Pole dem Leser gegenüber, Strindberg würde zwar

Frauen hassen, aber nicht weil sie ihm minderwertig erschienen, sondern weil er sie im Gegenteil dem Manne für gleichwertig halte. Was durchaus für den Dichter spricht. Aber das konnte Przybyszewski nicht verstehen. Denn er hasste wirklich die Frauen und er liebte wohl nur sich selbst. Aufgrund seiner narzisstischen Störung konnte er Frauen nicht als gleichwertige Menschen erkennen. Für ihn war niemand gleich wert wie er selbst! Schon gar keine Frau.

Sofern Strindberg sich nicht gerade von anderen Männern beeinflussen ließ, was aber häufig vorkam, sah er Frauen durchaus differenziert. Er pflegte sogar Freundschaft mit einem jungen Mädchen, ohne dabei sexuelle Gedanken zu hegen. Im Gegenteil erklärte er, er könne nicht verstehen, wieso einige seiner Freunde Kinder missbrauchten. Seine Saufkumpane werden ihn vermutlich als einen Fremdkörper in ihrem Kreis empfunden haben, denn im Grunde genommen passte er dort nicht hinein.

Viele Künstler und Schriftsteller vom sogenannten „Ferkelkreis", hassten Frauen nachweislich zutiefst. Das betraf oft auch die eigene Frau. So schrieb beispielsweise Dehmel ein Gedicht, das er seiner zu Ferkel-Zeiten erkrankten Frau widmete: "*Meine Frau ist krank, sie / Wird wohl bald sterben; / Dann kann ich lachen, dann werd' ich was erben.*"

Frieda Uhl war eine starke Frau. Als Strindberg sich auf ihr Drängen hin von den angeblichen Freunden endlich los sagte und plötzlich abfällig über diese Leute sprach, fühlte sich Przybyszewski natürlich beleidigt. Im Grunde genommen versuchte er immer der Wichtigste zu sein und andere zu dominieren. Doch nun hatte er seinen bösen Einfluss verloren und noch dazu durch eine verachtete, verhasste Frau, welche sich zwischen ihn und

Strindberg stellte. Sie hatte ihm sein willfähriges Opfer entrissen und es gerettet. Doppelte Schmach, sozusagen.

Nebenbei bemerkt: Auch von anderen Personen wurden Strindberg weibliche Seiten vorgeworfen. Scheinbar eine Schande für einen Mann, auch eine weibliche Seite zu haben. Das sehen zumindest wir Heutigen nicht mehr so. Damals wird es wohl so empfunden worden sein. Auch Frauen haben mitunter eine männliche Seite - und warum sollten Männer keine weibliche haben? Damals sprach man von solchen Frauen als "Mannweiber", wofür sie sich auch schämen sollten. Jedes Geschlecht habe seine typischen Merkmale aufzuweisen, aber keine des jeweils anderen Geschlechts. Nicht nur der „Pole" hielt es für eine Schande. Was kein Wunder ist, denn wer will schon als verweiblicht angesehen werden, wenn er alles Weibliche hasst? Diese Sichtweise war aber in der damaligen Gesellschaft zutiefst verankert und es war sehr schwer, sich darüber hinweg zu setzen. Dazu gehörte ein starkes Selbstbewusstsein. Dieses hatte Strindberg offensichtlich in gewisser Hinsicht. Er setzte sich darüber hinweg.

Przybyszewski war also ganz auf Linie, im Gegensatz zu seinem Opfer. Er schildert Strindberg zudem als „hysterisch wie eine Frau". Ständig sei er voller Hass und rechthaberisch - wie Frauen es eben seiner Meinung nach sind - wurde er nicht müde zu erklären. Was auch wieder mehr über ihn selbst aussagt, als über Strindberg.

Folgendes wollte er den Leser (mit seinen eigenen Worten) glauben machen:

*„Wie unendlich kleinlich wäre meine Rache, wenn ich mich über alle schweren Kränkungen, die mir Strindberg zufügte, und über alles, was ich mit ihm durchmachen musste, des Langen und*

*Breiten auslassen wollte. Das eine steht fest: Wenn er aus dem Grab wieder auferstünde, würde ich seine Hände mit der gleichen Verehrung und Bewunderung küssen, mit der ich sie küsste, als ich ihn kennen lernte. Ihn (Anmerkung: Strindberg) verblüffte diese Ehrenbezeigung. Ich lächelte: „Polnische Perversität!" Ich kenne in der gesamten europäischen Literatur keinen Künstler, der mit so wütender Raserei wieder und wieder sich selbst analysiert hätte! Welches Werk man auch immer zur Hand nimmt, überall und immer: Er, er, er!"*

... und gibt sich damit als Feind zu erkennen, der in Wahrheit Rache möchte und sich deshalb selbst als Opfer darstellt. Genau das ist das typische Gerede eines Narzissten.

Es ist Rache an einem Toten, dem er auf andere Weise nicht mehr schaden kann

und von dem er glaubt, der könne nicht
zurück schlagen. Ein großer Irrtum!

Jeder Künstler und jeder Dichter stellt sich
selbst ins Zentrum seiner Arbeit. Was man
nicht immer auf den ersten Blick erkennen
mag und doch ist es so. Schließlich sind es
immer die eigenen Gedanken, die man
über etwas oder jemanden hat, über die
man referiert.

Strindberg war ein unglücklicher Mensch,
der das Leben zu verstehen versuchte. Der
auch versuchte, sich selbst zu verstehen.
Interessant ist, dass andere ihm wiederum
vorwarfen, über Menschen aus seiner
engsten Umgebung geschrieben zu haben.
Was an und für sich auch üblich ist. Denn
wer nichts erfinden mag, kann nur über
die Realität schreiben. Über sich selbst
und über die eigenen Beobachtungen.

Bei dem Polen war es offenbar anders. Er
schrieb nicht über sich - bis auf eine

Ausnahme, nämlich seine angeblichen Erinnerungen - sondern er schrieb meistens ab. Es gab genug Vorwürfe in dieser Richtung.

*Da Przybyszewski im Banne der Sprachkunst des Dichters Nietzsche stand, haftete ihm Zeit seines Lebens der Vorwurf des Plagiats gegenüber dem deutschen Philosophen an.*

Ich halte an und für sich nicht viel davon, alles und jedes was Schriftsteller, oder Künstler äußern, zu Tode zu analysieren. Im Falle des "genialen Polen", wie ihn seine deutschen Freunde nannten, handelt es sich meiner Meinung nach um ein hinein Interpretieren von eigenen Gedanken. Ich kenne solche Beispiele aus dem Bereich der Kunst, wo sich die Künstler wunderten, was alles über ihre Werke geschwafelt wurde. Dabei fanden sie das erschaffene Werk einfach mur lustig. Im Fernsehen erklärte sogar ein renommierter Künstler, der große Skulpturen aus Papiermaché bastelt, erst stotternd Unverständliches, weil er so plötzlich gefragt nicht wusste, welche tiefschürfenden Gedanken er äußern sollte, um dann sinngemäß zu sagen: "Na ja, es ist eben etwas!" Man hörte ihm seine Erleichterung an. Er hatte sich erfolgreich vor sinnlosen Erklärungen gedrückt.

Stachu hat sich des gerade modernen Philosophen bedient, verwendete Sigmund Freuds Theorien und brachte so ziemlich alles ins Spiel, was gerade "in" war, würde man heute sagen. Offensichtlich las er so ziemlich alle Anarchisten und Sozialutopisten, um seinen Protagonisten genug Sätze in den Mund legen zu können, die Sprengkraft hatten. Er musste etwas Neues schreiben, etwas worüber sich bisher kein Schriftsteller so deutlich zu schreiben getraute.

Die Folge war fanatischer Applaus von der linken Seite und Verbote von der rechten. Seine Werke wurden hoch gelobt, aber auch zerrissen. Damals wie heute. Mennemeier spricht über "Satans Kinder" beispielsweise sogar von einem provinziellen Buch.

Seine Laufbahn begann „der Pole" als Journalist, verfasste aber bald auch Romane. Er beschäftigte sich mit Okkultismus und Satanismus. Zeitweise versuchte auch Strindberg sich als Okkultist, allerdings auf eine ganz andere Art und Weise. Er schrieb das "okkulte Tagebuch", das allerdings nicht wirklich okkult war. Aber in seinen Werken tauchen - spärlich zwar, aber doch - Beschreibungen von paranormalen Erlebnissen auf. Okkultismus war zu dieser Zeit allgegenwärtig. Die gebildete Gesellschaft beschäftigte sich damit. Es gab Seancen und man diskutierte über frühere Leben.

Strindberg war keineswegs immer erfolgreich. Seine ersten Stücke fielen durch. Ähnlich erging es ihm mit seiner Schrift Sylva Sylvarum. Die erste Auflage erschien Anfang 1896 und blieb unverkauft und unbeachtet. In dieser Schrift versuchte Johan Strindberg, Wissenschaft und Okkultismus miteinander zu verbinden. Er beschäftigte sich zu dieser Zeit auch mit Alchemie, was einem modernen Europäer seltsam anmuten muss. Ungewöhnlich war es zu seiner Zeit jedoch ganz und gar nicht. In Frankreich gab es noch immer bekannte Alchemisten

Weit kam er dabei jedoch nicht. Die Idee Gold machen zu wollen, stammte sicher nicht von ihm selbst und er hat es auch nicht geschafft. Alchemisten waren zum Teil Mystiker, was dadurch erklärbar ist, dass sie aufgrund ihrer erhöhten

Konzentration und der giftigen Zutaten ihrer Experimente, mitunter psychische Erfahrungen machten. Das meiste davon ist allerdings reiner Blödsinn. So mancher Alchemist war nichts weiter als ein Betrüger. Ihre Tätigkeit wirkte auf die einfachen Menschen geheimnisvoll und beeindruckend, weil die Hoffnung bestand, man könne damit reich werden. Oder vielleicht sogar unsterblich. Man kann ja auch wirklich Gold synthetisch herstellen, weiß man mittlerweile. Es kommt nur teurer, als natürliches Gold.

Strindberg ließ sich auch von solchen Ideen beeindrucken. Alchemie hatte zwar in der Öffentlichkeit an Glanz verloren, aber für ihn, der sich zu den Naturwissenschaften hingezogen fühlte, war das egal. Die Vorstellung Gold machen zu können, hatte einen gewissen Reiz. Kein Wunder. Für wen nicht?

In okkulter Hinsicht war der Dichter Teil einer Bewegung, trotz seines Individualismus und er hatte schon aus diesem Grund genug Leser. Doch sobald er zu sehr ins Naturwissenschaftliche wechselte, musste die Masse der Leser ausbleiben, sogar diejenige der Okkultisten.

Was Strindberg in Bezug auf Okkultismus schrieb und dachte, war nach heutigem Wissensstand zu einem großen Teil Unsinn. Zu seiner Zeit wusste das aber kaum jemand. Nicht nur die große Masse der ungebildeten Menschen war abergläubisch. Wissenschaftler waren davon auch nicht gefeit, weil dem damaligen Wissen enge Grenzen gesetzt waren. Okkultismus wurde zwar wissenschaftlich untersucht, blieb jedoch mehr dem Aberglauben nahe als der Wissenschaft.

Der Dichter hatte einen ganz anderen Zugang zu okkulten Bereichen, als sein polnischer Widersacher. Trotzdem ließ er sich von diesem in Panik versetzen, was kein Wunder ist, hatte er doch unter psychischen Problemen zu leiden.

Da wir heute in einer Zeit leben, wo Satanismus noch, oder schon wieder "modern" ist, kann man selbstverständlich das Buch Przybyszewskis, "Gnosis des Bösen", kaufen. Auf "Satanisten-Seiten" findet man zustimmende Kritiken, also scheint er bei solchen Leuten auch heute noch gut anzukommen. Obwohl so ziemlich alles was er behauptet, reine Erfindung ist.

Jeder liest eben das, was ihm genau das sagt, was er hören, respektive lesen möchte. Im Grunde genommen schreibt man immer für ein ganz bestimmtes Publikum – und zwar auch genau das, was dieses fordert, oder erwartet. Ansonsten würde ja niemand die Bücher kaufen. Das wusste auch Przybyszewski und er trieb das auf die Spitze. Einmal wollte er sogar verhindern, das jedermann sein Buch kaufen kann. Auf diese Weise machte er es in der Vorstellung der Leute: besonders wichtig! Zugang nur für Auserwählte, sozusagen. So kann man sich auch auserwählt fühlen. Damit imitierte er die ursprüngliche "Esoterik", die nur Auserwählten Zugang erlaubte.

Manche Menschen leiden unter der Illusion, sie würden den Leser, oder die Leserin formen, aufklären, beeindrucken. Sie meinen es würde dem schriftstellerischen, oder dem künstlerischen Genie große Bedeutung zukommen. Die Wahrheit ist banal. Jeder Leser ist nichts weiter als ein Kunde und er sucht sich die Literatur und die Kunst, welche ihn selbst in der eigenen, zumindest unterschwellig bereits vorhandenen Meinung, bestätigt. Was dieser zuwider läuft, legt Mann und Frau –

in diesem Fall spielt das Geschlecht keine Rolle – sofort beiseite. Daher ist es sinnvoll was Strindberg machte. Er analysierte sich selbst, beschäftigte sich mit sich selbst. Oder er hielt den Menschen einen Spiegel vor.

Bei ihm ging es meistens um zwischenmenschliche Beziehungen. Jeder Mensch beschäftigt sich mit sich selbst und hat deshalb auch Interesse daran, sich dabei an anderen zu orientieren. Leider trieb er es zeitweise auf die Spitze und veröffentlichte intime Informationen über Leute die erkannte. Was zur Folge hatte, dass solche Bücher schnell vergriffen waren und Höchstpreise erzielten.

Przybyszewski hingegen versuchte seine Leser - ich nehme an er rechnete nicht damit, auch Leserinnen zu haben - mit sich in den psychischen Abgrund zu reißen, in welchem er sich befand. Menschen die schon auf dem Weg dorthin waren.

Eines hatten beide gemeinsam. Sie faszinierten durch ihren ungewöhnlichen Lebenswandel.

Przybyszewski war nicht dumm. Aber er war schon immer destruktiv. Sein Studium der Medizin, das er nach einem abgebrochenen Architekturstudium begann, musste er ebenfalls abbrechen; wie er behauptete, wegen sozialistischer Agitation; während es in Wahrheit "Vernachlässigung der Bildung" war. Er log gerne und viel. Man sollte deshalb nicht alles unbesehen glauben, was er von sich gab.

Der Pole war Teil einer nicht ganz neuen europäischen Kultur, welche sich gegen die Unterdrückung des Menschen durch die Religion wehrte. Beide Männer kamen aus einem religiösen Umfeld, aber im Gegensatz zu Przybyszewski war der Schwede nicht katholisch. Dafür hatte sich Strindberg schon in jungen Jahren bewusst mit seiner Religion beschäftigt und war zeitweise Pietist geworden. Als Jugendlicher lehnte er Swedenborg und Religion ab, um als Erwachsener sich kurz hingezogen zu fühlen. Man erkennt den Suchenden, ständig Hinterfragenden in ihm, während der Pole die Fesseln der Religion abstreifte, welche ihn daran hinderten Dinge zu tun, die tabu waren. Der wusste genau was er wollte. Deshalb suchte und fand er passende Argumente für die Notwendigkeit seiner Handlungen. Der Satanismus, der ja kein streng festgelegte Dogma enhält, gab ihm sozusagen grünes Licht. Deshalb fühlte er sich auch nicht als Satanist.

Wenn er nun behauptete, Strindberg und er seien die einzigen und die ersten gewesen, die für sexuelle Freiheit plädierten, weiß man schon woher der Wind weht. Strindberg konnte er nicht ausklammern, was er sicher gerne getan hätte. So blieb ihm nichts übrig, als den

Kontrahenten auch zu erwähnen. Genau das war es, was er gesucht hatte. Die freiheit zu tun was immer er wollte. In sexueller Hinsicht und auch in jeder anderen. Ohne Rücksicht auf andere. Indem er Strindberg erlaubte, sich als Mitstreiter zu fühlen, erwartete er von den Freunden Zustimmung.

Die Idee exuelle Freiheit zu fordern, stammte wahrscheinlich nicht von ihm, sondern vom Dichter. Mit dem Kampf gegen die Unterdrückung durch die Religion, hatte das vermutlich auch nichts zu tun.

Auf der einen Seite ließ Strindberg sich in den Bann des scheinbaren Okkultisten ziehen, auf der anderen rebellierte er dagegen. Wer nun von beiden rechthaberisch war, das warf Przybyszewski seinem Freund vor, oder welcher von beiden den anderen darin übertraf, mag dahingestellt sein.

Strindberg war jedenfalls ein Menschenkenner und deshalb spürte er sehr bald, wie gefährlich der Pole für ihn war. Er hatte nur nicht die Kraft, sich schnell aus dessen Einfluss zu befreien. Der wollte - im Gegensatz zu ihm - Macht über andere ausüben. In diesem speziellen Fall gelang es ihm nicht so ganz und das dürfte der Hauptgrund für den extremen Hass sein, den er Strindberg schon bald entgegen brachte.

Es war eine Zeit der Esoterik und des Okkultismus, welche alle Gebiete des Lebens durchdrang. Quasi eine Gegenreligion in verschiedener Gewandung, die sich zu bilden begann. Man griff auf heidnische Religionen und alte Kulte Europas zurück, aber auch auf Hinduismus und Buddhismus und schuf daraus neue Gebilde. Man gründete esoterische Zirkel und Logen. Der psychische Zustand der Drogensüchtigen, die ja von ihrem Leiden nicht wussten,

mag so manche „paranormale"
Erscheinung begünstigt haben. Man darf
deshalb nicht alles wörtlich nehmen, was
die Leute damals angeblich erlebten.

Strindberg war nie ein echter Teil dieser
Subkultur, denn dafür war er zu
wankelmütig. Obwohl er auch in solchen
Kreisen zeitweilig verkehrte und in
okkultistischen Zeitschriften
veröffentlichte, distanzierte er sich immer
wieder davon. Mitglied in einer
Vereinigung zu sein, lag ihm nicht. Er
weigerte sich auch strikt, in einen
esoterischen Zirkel einzutreten, als er dazu
aufgefordert wurde. Am liebsten wäre ihm
ein weltliches Kloster gewesen. Ein Ort, an
dem Menschen sich mit Gleichgesinnten
zurück ziehen konnten. Dachte er
zumindest. Ich bin sicher, das hätte er
nicht lange durch gehalten. Dazu war er zu
unruhig.

Der junge Przybyszewski, der aus einem katholischen Umfeld stammte, wurde mit diesen, für ihn neuen religiösen und esoterischen Strömungen, konfrontiert. Um ihn zu verstehen, müsste man sich intensiv mit der Rolle der Religion im Osten Europas beschäftigen, was seine Biografen aber vermutlich eher nicht gemacht haben bzw. bis heute nicht tun. Gerne wird an der Oberfläche gekratzt, man beschäftigt sich mit seiner vermeintlichen, politischen Ausrichtung, oder mit seiner Religionsfeindlichkeit, seinem Satanismus, der laut Eigendefinition keiner war, aber wenig oder gar nicht mit dem ursprünglichen religiösen Umfeld. So etwas wird man nicht so leicht los. Da es ihm offensichtlich später nicht schwer fiel, in Polen Fuß zu fassen, wird er alles "Satanische" einfach wieder abgelegt haben und in den Schoß der Kirche zurück gekehrt sein. So genau habe ich mich mit dieser Zeit seines

Lebens in Bezug auf seine Religionszugehörigkeit nicht beschäftigt. Sozialistisch war er auch nur in seinen Schriften, er hatte deshalb viele verschiedene offene Türen vorgefunden und trotzdem hat es offenbar nicht so richtig geklappt.

Dazu muss man aber auch erwähnen, dass es damals kein Polen gab, wie wir es heute kennen. Das Gebiet war lange Zeit über heftig umkämpft. Deutschland, Russland, Österreich, überfielen es, teilten es auf, usw. Wer es genauer wissen möchte, kann sich bei Wikipedia schnell schlau machen. Die verschiedenen Einflussgebiete wurden durch die jeweils dort Herrschenden geprägt. In den deutschen Gebieten wurden die Menschen sozusagen germanisiert, in den russischen versuchte man aus ihnen Russen zu machen. Die jeweilige Bevölkerung bestand aus verschiedenen Volksgruppen, was aber kein Problem zu sein schien. Offensichtlich gehörte der Pole zu den Deutschen, denn er schrieb seine ersten Werke in deutscher Sprache. Obwohl sein Deutsch angeblich nicht besonders erfreulich war und von einem Kollegen korrigiert wurde. Seine polnische Herkunft wurde ihm eher in späteren Jahren bewusst, als es darum ging, Polen wieder herzustellen. Da war damit auch mehr anzufangen als zuvor.

Was Stachus Romane betrifft, kann jeder Leser, jede Leserin, nach Lust und Laune selbst hinein interpretieren, was gewünscht wird. Anders ist es bei den Werken, die sich anmaßen historische Wahrheiten zu verkünden. Seine diesbezüglichen Werke triefen nur so von Unwissenheit. Hier kann es keine Ausreden geben. Was wahr daran ist und was nicht, lässt sich überprüfen. Wissenschaftlich erarbeitet sind seine Theorien nicht. So setzte er Hexerei mit heidnischen Kulten gleich, ein Irrtum der bis heute bei seinen Anhängern nachwirkt

- und nicht nur bei diesen. Ich weiß ja nicht von wem er sein angebliches Wissen übernommen hat, aber da er offensichtlich sehr viel las, wird es schon irgendwo in einem älteren Buch als dem seinen, zu finden sein. Hoffentlich, denn bei solchen Studien - es sollte eine Studie sein - muss man aus anderen Quellen schöpfen. Das Problem dabei: verwendet man Schriften von Leuten die keine Ahnung haben wovon sie schreiben, wird das Ergebnis katastrophal.

Als eine Einzelperson, welche quasi aus dem Nichts mit einer fertigen Meinung auftaucht, darf man ihn auf keinen Fall betrachten. Ohne das neue Umfeld von Künstlern, Schriftstellern und Wissenschaftlern, ohne die damals zirkulierende Literatur, hätte er - was auch für alle anderen seiner Zeitgenossen in gewisser Weise gilt und eigentlich in jeder Gesellschaft so abläuft - nicht zu seiner Meinung kommen können. Er wurde eindeutig überschätzt. Nachweislich schrieb er oft ab und was seine Gedankengänge betrifft, stammen diese auch zu einem großen Teil von bekannten Philosophen, oder politischen Theoretikern. Was er mit seinen Werken bewirkte ist daher auch nur als ein kleiner Beitrag unter denen vieler anderer Schriftsteller und Künstler, zu verstehen. Er sollte daher weder in positiver, noch in negativer Hinsicht überbewertet werden. Ich denke er schrieb ganz bewusst für das Publikum, er spürte was gut ankommen würde, was für ihn zum Vorteil werden würde. Sein späterer Lebensweg zeigte deutlich, wie gut er sein Mäntelchen nach dem Wind hängen konnte.

Strindberg wurde von Przybyszewski kurzzeitig mit seinem absurden, pathologischen, mittelalterlichen Glauben an Hexen beeinflusst. Dass sich der Pole mit diesem Thema beschäftigte, hatte vermutlich mit dem Umfeld seiner Kindheit zu tun.

Die letzte Hexenhinrichtung in Europa fand im Jahre 1807 statt, also ca. 60 Jahre vor seiner Geburt. Eine kollektive Erinnerung daran, mag in der abergläubischen Bevölkerung noch Jahrzehnte später vorhanden gewesen sein. In Mexiko soll es aber sogar noch 1874 eine offizielle Hexenverbrennung gegeben haben. Ob man davon in Europa Kenntnis nahm, lässt sich schwer feststellen. "Auch äußert sich die Scheu vor der öffentlichen Meinung eigentlich nur in den europäischen Kulturstaaten, deren Bevölkerung wenigstens mittelbar durch die Aufklärung und durch die große Revolution hindurchgegangen ist. In *unzivilisierten Ländern wird wieder verbrannt, ohne daß die Kirche Einspruch erhübe; es ist einfach nicht wahr, daß die letzten vereinzelten Hexenverbrennungen gegen das Ende des 18. Jahrhunderts stattgefunden haben. In Mexiko ist 1860 eine Hexe verbrannt worden, 1874 eine Hexe mit ihrem Sohne; auch sonst wurden dort Mädchen und Kinder wegen Zauberei kirchengesetzlich ermordet.* "

(8)

Barbara Zdunk war jedenfalls die letzte bekannte Frau in Europa, die aufgrund einer Verurteilung als Hexe, auf einem Scheiterhaufen verbrannt wurde. Die Anklage ging auf eine Feuersbrunst zurück, die 1807 fast die gesamte Stadt zerstört hatte. Ein solches Ereignis werden die Menschen in Polen wohl nicht so schnell vergessen haben. Man muss daher davon ausgehen, dass Przybyszewski auch davon wusste. Schließlich war sein Vater

Lehrer, also ein gebildeter Mann. Ob er auch an Hexen glaubte, kann man nicht feststellen.

Allerdings gab es bis mindestens 1850 Angriffe auf angebliche Hexen in Europa. *"Zu Tarbes in Frankreich wurde 1850 ein Ehepaar verurteilt (übrigens zu einer geringeren Strafe als etwa ein Wilddieb), welches eine angebliche Hexe zu Tode gemartert hatte; in Aachen beschuldigte man eine arme Person der Verhexung einer Kuh. Solche und ähnliche Vorkommnisse würden an sich nur das Fortbestehen des Hexenglaubens beim Volke beweisen, in Frankreich wie in Deutschland; daß die Verbrecher in Tarbes sich auf die Meinung eines Priesters berufen konnten, daß die verhexte Kuh von Aachen durch kirchliche Prozeduren geheilt wurde, könnte unerheblich scheinen, wenn die obersten Kirchenbehörden, trotz* ihrer Scheu vor der *öffentlichen Meinung, nicht immer wieder das Dasein des Teufels und die Möglichkeit lehrten, er könne von einzelnen Menschen Besitz ergreifen. "*

In Deutschland und Polen wurden besonders viele Menschen der Hexerei angeklagt, in Polen waren es vor allem Frauen. Ein untrügliches Zeichen dafür, dass in der polnischen Gesellschaft Frauen ein geringes Ansehen genossen, oder sogar als gefährlich betrachtet wurden. In anderen europäischen Ländern war es nicht so extrem ungleich. In Nordeuropa wurden etwa gleichviel Männer, in manchen Ländern sogar mehr Männer, als Frauen, der Hexerei beschuldigt, in Island waren es bis zu 90% Männer.

Was der Pole in seiner Jugend an Hexengeschichten gehört haben mag, weiß man nicht. Davon berichtet er nicht, aber er behauptet, als Kind einer Hexe begegnet zu sein, die ihn erfolgreich verhext habe und nur ein Gegenzauber hätte ihn geheilt. Die böse Hexe sei dadurch getötet worden. Ob er diese Geschichte bewusst erfunden hatte, oder sie wirklich glaubte, kann man leider auch nicht feststellen. Ich gehe davon aus, es handelte sich um eine bewusste Lüge, um Eindruck zu machen. Immerhin schrieb er über Hexen und da ist es gut, wenn man zumindest eine Hexe persönlich kennt. Sicher ist, dass er aus einer abergläubischen Gesellschaft stammte, in der noch immer der Hexenglaube weit verbreitet war und mit diesem einhergehend, ein sehr negatives Frauenbild.

Seine diesbezüglichen Kindheitsängste hat Przybyszewski offensichtlich später in seinen Werken verarbeitet, offenbar ohne sie auch los zu werden. Die Gnosis des Bösen handelt davon.

Manche Menschen nahmen die Aussagen des Autors kritiklos an. Hier einer, der leise Kritik übt: von Hannibal Lektor

"„Der Kult der Satanskirche I – III" gibt ein unorthodoxes Bild der satanischen Kultur und Lebensweise, ein orgiastischer, sinnentaumelnder, traumtänzelnder Sabbat der Urtriebe. Interessant sind hier des Autors Ausführungen zum Gebrauch pflanzlicher halluzinogener Drogen, die viele Aussagen der Hexen erklären können, eine Form erfüllender Wirklichkeitsflucht in die Reiche geistiger, gemeinschaftlicher Extase. Allerdings geht er für meine Begriffe an der Stelle zu weit, wo er der Ansicht ist, die meisten Hexenmorde seien insofern berechtigt und in der Tat von solch magisch-dunkler Art gewesen, wie die Inquisition es darstellte. Er lehnt sich damit gegen die aufklärerische Pauschalisierung auf, alle Verfolgungen wären letztlich rein machtpolitisch gewesen und bar jeden *religiös-ernsthaften Hintergrundes. Das ist verständlich und vieles dieser Verfolgungen wurzelt sicherlich in dem verzweifelten Versuch, dem satanischen Freiheitsdrange des Volkes Herre zu werden, aber ins andere Extrem umzuschlagen, erscheint mir keineswegs besser, sinnvoller oder glaubhafter."* (9)

Gerade solche leise Kritik lässt den Rest des Buches erst so richtig überzeugend wirken, weil der Leser, die Leserin meint, wenn jemand so ernsthaft überprüft und einen Fehler entdeckt, wird alles andere wohl wahr sein. Ist es aber nicht.

Der Pole zog oft falsche Schlüsse, die aufgrund der damals doch relativ großen Bekanntheit seiner Schriften, von anderen dankbar übernommen wurden. Seine Irrtümer wurden von der völkischen Bewegung, später auch vom Feminismus der 1960er und 70er Jahre aufgegriffen. Heute wirkt sie noch in neuheidnischen Bewegungen nach. Auch die Nationalsozialisten versuchten zeitweise auf Przybyszewskis Schlussfolgerungen aufzubauen.

*Im Dritten Reich trieben staatliche und NSDAP-Stellen die Hexenforschung voran. Dabei versuchte man, die Hexen zu Vertretern einer altgermanischen Urreligion zu machen, die von der Kirche bekämpft worden sei. Insbesondere in der SS formierte sich aber eine Gegenposition, der zufolge es sich bei den Hexen um „Volksschädlinge" gehandelt habe und diese durch einen Männerbund, auf den sich wiederum die SS bezog, ausgerottet worden seien.*

(10)

Aus einem künstlich erschaffenen Mythos lässt sich eben leicht ein neuer, noch passenderer Mythos konstruieren. Man richtet sich angebliche Wahrheiten, wie man sie gerade braucht, biegt sie sich zurecht und stützt so die jeweils erwünschte Meinung.

Es ist geradezu absurd, dass so verschiedenartige Gruppierungen sich gleichzeitig von seinen Ideen haben beeindrucken lassen. Wie kamen Feministinnen dazu, sich an einem ausgewiesenen Frauenhasser zu orientieren? Einfach unverständlich!

War Przybyszewski ein Frauenhasser nur aufgrund seiner Herkunft, dem persönlichen Umfeld während der Kindheit? Oder hatte das auch andere Gründe?

Unbegründete Ablehnung, Ver- und Missachtung eines anderen, hat fast immer mit einem Mangel an eigenem Selbstwertgefühl zu tun und mit unbewussten Ängsten. Frauen sexuell zu lieben, bedeutet nicht unbedingt, sie auch als Mensch zu achten. Das genaue Gegenteil kann der Fall sein. Ein Mann sagte einmal im Fernsehen: "Wenn ich einen Fisch esse, muss ich ihn ja auch nicht lieben!" Ich würde sagen, damit hat er dem Polen aus der Seele gesprochen. Für den waren Frauen Objekte, die er brauchte, um sich sexuell befriedigen zu können. Die größte Befriedigung verschaffte ihm aber der Glaube, über der ausgebeuteten Frau zu stehen.

Die Sexualität gefiel ihm jedenfalls, treu war er seinen Frauen nie. Die Macht, die er auf diese Weise ausüben konnte, gab ihm ein gutes Gefühl. Er nützte seine Frauen nach Strich und Faden aus, was ja nicht gerade für Liebe spricht. Was er über Frauen so dachte:

*„In dieser metaphysisch-biologischen Konzeption wurden die wirklichen Gründe des Frauenhasses sorgfältig verborgen. Im Essay Franz Flaum enthüllt Przybyszewski jedoch ein wenig sein Verhältnis zur „sogenannten Frauenfrage", indem er die Feministinnen als sexuell unbefriedigt, oder unglücklich in der Ehe darstellt, als solche, die in die Wissenschaft die stupide, streberische Mittelmäßigkeit und in die Kunst einen impotenten Dilettantismus hineintragen, der um Rache zum Himmel schreit.* "Übergang und Verflechtungen: kulturelle Transfers in Europa, von Grégor Kokorz,Helga Mitterbauer, Seite 161/162, Peter Lang"

Im Gegensatz zu Przybyszewski war Strindberg seinen Frauen treu, selbst wenn er verreiste und Gelegenheit zu einem Seitensprung gehabt hätte. Das schreibt er sehr deutlich und daran ist auch nicht zu zweifeln. Dass er in Zeiten in denen er unabhängig war, aber auch freie sexuelle Beziehungen einging, ist nicht verwunderlich. Eigentlich war Strindberg viel zu normal für seine Zeit und für seinen Drogenkonsum. Schon das alleine war ein Grund, vom Polen verachtet zu werden.

Przybyszewski litt an der Welt und am Leben. Sein Selbstmitleid ließ ihn rücksichtslos gegenüber anderen handeln. Er litt, also sollten auch die anderen leiden. Zumindest behauptete er zu leiden. Was ja an und für sich für einen jungen Mann um die Zwanzig, auch nicht ungewöhnlich ist. Ungewöhnlich ist vielleicht die Art und Weise, wie er mit seinem angeblichen Leid umging.

In erster Linie betrank er sich. Wieder zeigt sich also der Lügner und Heuchler, der über andere herzieht und ihnen vorwirft, was er in Wahrheit selbst tut. Er wirft nämlich Strindberg vor, sich zu besaufen und ist dabei selbst der größte aller Säufer.

Was nun die Werke der Beiden betrifft, gab es auch große Unterschiede, denn was tatsächlich von Przybyszewski stammt und was Plagiat ist, lässt sich nicht immer genau sagen. Das wäre Grund für weitreichendere Untersuchungen. Dass er abgeschrieben hat, scheint jedenfalls sicher.

"*Das Doppelgängermotiv besitzt jedoch einen weiteren, literarhistorischen Aspekt. Die Art und Weise wie Przybyszewski sich dieses Motivs in Satans Kinder, aber auch in der Romantrilogie Homo sapiens als Kompositionsprinzip bedient, ist in Dosztojewskijs Schuld und Sühne nicht nur vorgeformt, sondern offensichtlich ebenso übernommen, wie Przybyszewski den Roman Satans Kinder das Handlungsgefüge der Dämonen zugrunde gelegt hat. Die zahlreichen Übereinstimmungen bis hin zur bloßen Paraphrase ganzer Ansätze lassen folgende Behauptung Przybyszewskis unglaubhaft erscheinen (...) Wie Dostojewskij unwissentlich für einen Augenblick mein Schöpfertum belastet hat, das beweisen Satans Kinder, verblüffend nur, dass ich, als ich Satans Kinder schrieb, Dostojewskijs Dämonen noch gar nicht kannte.*

*(11)*

Man kann davon ausgehen, dass er viel gelesen hat und die Werke anderer benützte. Seine Schriftsteller Kollegen nützte er ebenso aus, wie seine Frauen - wenn auch auf andere Weise. Er kannte viele kreative Leute, führte viele Diskussionen und wird sich auch da so einiges angeeignet haben, was er dann als eigene Erkenntnis ausgab.

Es war sicher kein Zufall, dass Strindberg meinte, alles was öffentlich gesagt würde, sei verloren. Hat er dabei vor allem an Przybyszewski gedacht?

In gewisser Weise waren alle Kunstschaffenden, Schriftsteller und Wissenschaftler dieser Zeit miteinander in enger direkter, oder indirekter Verbindung. Aufgrund dessen findet man anarchistische Elemente ebenso wie okkulte, oder auch Vorläufer von nationalsozialistischen Ideen, in den verschiedensten Arbeiten und Kunstwerken dieser Zeit. Es handelt sich um eine regelrechte Verflechtung - von heute aus betrachtet – mitunter sogar gegensätzlicher Standpunkte. Dem konnte sich fast keiner entziehen. Sich beeinflussen lassen war ganz normal, andere zu beeinflussen auch. Das geschieht ständig. Bewusst aber auch unbewusst.

Sich mit fremden Federn schmücken, ist jedoch eine etwas andere Sache. Genau das muss man dem Polen zum Vorwurf machen. Przybyszewski wagte sich in alle Bereiche der Politik, der Philosophie und der Wissenschaft, bis hin zur Psychologie und eben des Okkultismus, den man später leider gerne mit der Parapsychologie gleichsetzte. Was dazu beitrug, die Parapsychologie zur Pseudowissenschaft verkommen zu lassen.

Man kann Przybyszewski als Individualanarchisten bezeichnen – zumindest mag er in der Öffentlichkeit so gesehen worden sein. Er fühlte sich angeblich als Sozialist. Das war er sicher nicht. Wenn man wieder in seinen Büchern nachliest, findet man folgendes: *"Ich werde nicht sagen: Opfert Euch, damit Ihr und Eure Kinder glücklich werdet, ich werde das Glück des Opfers an sich wieder neu lehren. Die Menschheit hat eine unerschöpfliche Fähigkeit, sich zu opfern, aber das hat die fette Kirche und der fette Sozialismus zerstört. Die Menschheit hat das Glück des Opfers vergessen in dem fetten, ekelhaften Dogmenglauben. Das letzte Mal hat sie es in den großen Revolutionen gekostet, in der Kommune, – zwecklos, nur aus Liebe zum Opfer, um das unendliche Glück der zwecklosen Selbstlosigkeit noch einmal zu genießen ... Und ich werde dies Glück wieder in Erinnerung bringen durch meine Tat ...*

Czerski will belehren und Przybyszewski erklärt durch ihn, was er denkt und will - angeblich. Sozialismus hat nicht das Geringste mit Opferbereitschaft zu tun. Was der Protagonist sagt, zeugt von Unkenntnis. Selbstopferung um seiner selbst Willen ist eher eine masochistische Lebensbewältigung. Der Versuch, Märtyrer zu werden. Was ist ein Märtyrer? Ein

Mensch, der von der Gesellschaft verehrt wird. Jemand der höher als alle anderen steht, weil er sein kostbares Leben geopfert hat. Mehr kann man ja nicht geben. Da klingt der Wunsch durch, sich einen Heiligenschein zu verpassen, damit man angebetet wird. Genau das ist reiner Egoismus. Genau so denkt der "geniale" Pole. Der ganz sicher sich selbst niemals geopfert hätte.

Strindberg wurde für einen Anarchisten gehalten, wie er entsetzt erfahren musste. Obwohl er das nicht war. Über ihn macht der Pole sich in seinem Buch lustig, weil der angeblich – ob dies der Wahrheit entsprach ist unklar – sich von Polizisten verfolgt fühlte. An den Haaren herbeigezogen wäre diese Angst nicht gewesen.Auch damals wurden Menschen beobachtet, die als gefährlich angesehen wurden. Anarchisten gehörten dazu. Er versuchte sich zu rechtfertigen und meinte, er sei doch gar kein Anarchist.

Man kann durchaus davon ausgehen, dass er beobachtet wurde, so wie auch seine Freunde. Kennt man sein damaliges Umfeld, also Leute wie die Mitglieder der „Ferkel Gruppe", darf man sich darüber auch gar nicht wundern. Wahrscheinlich wurden die Personen der ganzen Gruppe in Deutschland und - sofern sie wie Strindberg dorthin reisten - auch in Österreich von der Polizei überwacht. Schließlich gab es zu dieser Zeit mehrere Anschläge durch Anarchisten. Abgesehen davon galt seine Frau Frieda als Anarchistin.

*„Wenn ein Mann faktisch verfolgt ist, so dass alles was er tut, zerrissen, bespuckt, mit Schmutz bestrichen wird; wenn er mit Prozessen verfolgt, mit Gefängnis bedroht, fälschlich beschuldigt wird Anarchist zu sein, von Land zu Land gejagt wird; bedroht mit Irrenhaus, von Geldschulden gehetzt, traktiert auf öffentlichen Plätzen; und wenn die Feinde sich im Hotel, wo er*

*wohnt, einfinden und den Wirt warnen etc.; wenn dieser Mann, der verfolgt ist, die Vorstellung hat, er sei verfolgt, so ist das keine  Wahnvorstellung oder Manie.",* schreibt Strindberg.

Die Polizei hat noch nie offen zugegeben, wenn sie jemanden beobachtet hat. Außerdem wird auch niemand nachgefragt haben.

In politischer Hinsicht war Przybyszewski sicher auch kein echter Anarchist. Zerstörung um jeden Preis ist keine politische Überzeugung. Er jonglierte nur mit diesen Ideen in seinen Romanen. Die Theorien die er präsentierte, werden auch nicht seine eigenen gewesen sein, sondern von Berufeneren übernommene. Mit seinen "Theorien" sprach er – genau das war sein Ziel – auch politisch aktive Personen an. Der Mann war in Wahrheit nichts weiter als ein Blender, aber durchaus erfolgreich in seinen

Bemühungen, sehr wichtig zu erscheinen. Dankbar griffen manche Leute seine „weisen" Erkenntnisse auf. Sogar die Linken zitierten ihn mitunter.

*"Erich Mühsam stellte in denkwürdiger Weise einen Zusammenhang zwischen Terror und Kunst her, und zwar am Beispiel von „Satans Kinder".*

Strindberg war im Grunde seiner Seele ein bürgerlicher Mensch und deshalb beschäftigte er sich auch meistens mit der Seele von bürgerlichen Menschen. Seine Frauen waren keine Putzfrauen, sondern sehr emanzipierte Damen, die Personal beschäftigten. Er war auch nicht auf Sparsamkeit bedacht. Alles Geld das ihm blieb, schickte er seinen Kindern. Oft war er arm. Die bei ihm angestellten "Putzfrauen" sagten ihm nichts Böses nach. Es gibt sogar ein Interview mit einer seiner früheren Mägde im schwedischen Fernsehen, die ihn als freundlich schildert und erzählt, dass er ihr Geld gab, das sie nicht für die Herrschaft verbrauchte und deshalb einsteckte. Als seine Frau davon erfuhr, stellte sie dieses zusätzliche Einkommen ein.

Mit Kleidung beschäftigte er sich nicht. Eine Frau bei der er einige Zeit in Pension war erzählte, sie hätte nie mit ihm Schwierigkeiten gehabt, er habe alles gegessen was sie ihm vorsetzte. Strindberg habe sie gebeten, sie möge ihm jeden Tag in der Früh seine Kleidung herrichten, weil er nicht wisse, was er tragen solle. Er wurde als ein Mann geschildert, der unauffällig und eher wie ein Bauer gekleidet war. Auffällige Kleidung trug er erst, als er von seinen Frauen beeinflusst wurde. Gerade während seiner Zeit in Frankreich hatte seine Kleidung Löcher, für die er sich genierte, was verständlich ist, zeugten diese doch von seiner Armut. Später, während seiner letzten Jahre wunderte sich ein Besucher, dass

Strindberg besser gekleidet sei als er selbst - weil das früher nicht der Fall gewesen war. Eher war er auffallend schlecht gekleidet gewesen. Auch arbeitete er wie ein Bauer, als er bei jemandem wohnte. Dem Mann ersparte das einen Knecht. Offensichtlich war er tief in seiner Seele ein einfacher Mensch geblieben. Sein Problem waren Panikattacken und Schlaflosigkeit, was auf die Drogen zurück zu führen war. Das machte ihn anfällig für die Suggestionen des Polen. Es ermöglichte diesem, sein Opfer in einen Verfolgungswahn zu hetzen, auch wenn vielleicht gerade keine Gefahr vorhanden war. Doch Gefahr seitens seiner "Freunde" bestand durchaus. Es wurde gegen Strindberg ein Komplott geschmiedet. Man wollte ihm in Schweden eine Falle stellen. Dahinter stand Przybyszewski, der alle gegen ihn aufbrachte.

Seine Auseinandersetzung mit den Konflikten von Eheleuten, hat immer diesen bürgerlichen Hintergrund, auch wenn manche Kritiker das vielleicht anders sehen mögen. Er war Naturalist, deshalb schrieb er über Menschen die er kannte. Erst spät setzte er sich für sozialistische Ideen ein und auch an diese glaubte er nicht sehr lange. Sein Interesse galt nur am Rande sozialen Ideen, in erster Linie beschäftigten ihn immer und immer wieder zwischenmenschliche Beziehungen und psychischen Zustände. Für sich selbst suchte er nach der Wahrheit, wollte das Leben und den Tod verstehen und schlug sich mit religiösen Themen herum. Als Philosophen würde ich ihn eher nicht bezeichnen. Mit Satanismus wollte er jedoch nichts zu tun haben.

Przybyszewski dagegen hatte keine eigene Meinung, deshalb hängte er sein Mäntelchen wie der Wind gerade blies. Ihm ging es nicht um Wahrheit, sondern

um Anerkennung durch andere.
Anerkennung um jeden Preis und mit allen
Mitteln.

Strindberg mag ein schwieriger Mensch
gewesen sein, aber er blieb trotz allem ein
Mensch, der auch Rücksichten nahm. Ohne
das Nervengift im Absinth und ohne die
von Ärzten verschriebenen Drogen, hätte
er wahrscheinlich seine erste Familie nie
verloren. Er liebte seine Kinder und seine
Frau. Auch während seiner schlechtesten
Zeiten sehnte er sich wohl immer nach
einem familiären Leben. Was durchaus mit
seinen späteren, sozialistischen Ideen
vereinbar gewesen wäre. Er schämte sich
dafür, von anderen Geld nehmen zu
müssen und zahlte zurück, was man ihm
Jahre zuvor gegeben hatte, soweit das
möglich war.

Er hatte oft finanzielle Probleme. Es waren häufig Juden, welche ihn finanziell unterstützten. Andererseits beschenkte er Bettler großzügig. Er neigte zum Spenden und Schenken. Das hatte zur Folge, dass er nicht sehr gut mit Geld umgehen konnte. Deshalb wusste er auch nie, wie viel Geld er hatte, sofern er überhaupt gerade Geld besaß.

Przybyszewski behauptete, auch sehr freigebig zu sein. Schon als Jugendlicher habe er größtes Mitleid mit armen Menschen empfunden Einmal sei er ohne Jacke nach Hause gekommen. Als man ihn fragte wo die Jacke sei, meinte er, zitternd vor Kälte, er habe sie einem armen Mann geschenkt.

Nun ist dazu folgendes zu sagen:

*Um den Polen ranken sich besonders viele Legenden, weil Przybyszewski ein Meister in der vergleichsweise neuen Kunst der*

*Fiktionalisierung des eigenen Lebens bzw. der inszenierten Biographie gewesen ist. Dieser Zug zur "(auto)legenda literacka", also zur "literarischen (Eigen)Legende" gehört geradezu programmatisch zu ihm und seinem Werk. So ist überhaupt unklar, wenn man Przybyszewski folgen will, in welcher Sprache z.B. sein Vater als preußischer Volksschullehrer unterrichtet hat. Przybyszewski behauptet, Deutsch habe zu Hause und im Unterricht seines Vaters "auf dem Index gestanden", auf der Straße sei, wenn überhaupt Deutsch, dann Plattdeutsch gesprochen worden. Solches läßt sich in seinen Memoiren nachlesen, die in den 20er Jahren, z.T. nach seinem Tode im Jahre 1927, erschienen sind. Die Memoiren waren im Sinne der Legende auf eine Situation berechnet, da sich das restituierte Polen der 20er Jahre mit dem Problem der nationalen Minderheiten konfrontiert sah und Przybyszewski sich aus nachvollziehbaren Gründen* bemühte, den deutschen Anteil an seinem literarischen Werdegang zu minimieren. Tatsache ist wohl, daß er in Thorn (Torun) ein deutsches Abitur ablegte, mit Polnisch als dritter Fremdsprache, deren schriftliche Variante er demzufolge auch nur unzureichend beherrschte. (12)

Strindberg war also kein Antisemit. Doch wie sah es mit seinem Feind in dieser Hinsicht aus?

*Der Pole veröffentlichte einen Hetzartikel gegen Juden in der Fackel am 31. 12. 1907: "das Geschlecht". Brod deutete diese Veröffentlichung durch Karl Kraus, als ein Zeichen für dessen jüdischen Selbsthass.*

(13)

Dieser Artikel Przybyszewskis zeugt auch von seiner Verlogenheit. Denn in seinen schwülstigen Schriften, in denen er zur Verständigung von Deutschen und Polen aufruft, behauptet er, die Polen seien den Juden gegenüber äußerst tolerant.

Strindbergs Beziehung zu den Juden war hingegen nicht feindselig. Er unterschied deutlich zwischen einigen schwedischen Juden, mit denen er Schwierigkeiten hatte, weil sie ihm nicht die Möglichkeiten boten, die er gerne gehabt hätte und solchen denen er wertfrei begegnete.

Auch in Schweden gab es Antisemitismus. Strindberg schimpfte zwar über manche Juden, die seine Manuskripte ablehnten, erklärte aber auch, nicht wegen ihrer jüdischen Herkunft über sie herzuziehen.

Schon die Tatsache, dass viele Juden ihn finanziell unterstützten, ohne eine engere Beziehung zu ihm gehabt zu haben, spricht gegen Vorurteile seinerseits. Nur hin und wieder klingt bei ihm die religiöse Differenz durch, weil er von Juden als unrein betrachtet wurde. Das würde wohl niemandem gefallen.

Die Behauptung Przybyszewskis, Strindberg habe seine Mutter als Jüdin bezeichnet, ist hingegen unglaubwürdig. Vielleicht gab es ein Missverständnis, oder es war eine absichtliche Lüge des Polen.

Auch an diesem Beispiel erkennt man, wie es im Kopf des Feindes ausgesehen haben mag. Wenn er das als etwas Schlimmes betrachtete, war er mit Sicherheit Antisemit. Wer sonst würde so eine Sache überhaupt öffentlich erwähnen?

Frieda Uhl hatte zumindest zum Teil jüdische Vorfahren. Vielleicht war ihre Mutter damit gemeint. Seine Schwiegermutter - die Mutter von Frieda - nannte er „Mutter". Zumindest für kurze Zeit scheint sie die Mutter für ihn gewesen zu sein, die er sich als Kind gewünscht hätte. Obwohl sie zu ihren eigenen Kindern alles andere als mütterlich gewesen war, gab sie sich ihm gegenüber mütterlich. Wäre Strindberg Antisemit gewesen, hätte er sich nicht auf Frieda eingelassen. Ihre Familie hätte er abgelehnt. Stattdessen wunderte er sich, weil ihre eigene Famlie schlecht über Juden sprach, obwohl sie selbst zum Teil jüdisch war.

Antisemitismus war damals allgegenwärtig. Vielleicht wollte Przybyszewski seinen verhassten Freund auch zum Juden stempeln, um einige Leute gegen ihn aufzubringen?

Wie bereits erwähnt, war Frieda Uhl zumindest teilweise jüdischer Abstammung und somit auch seine Tochter Kerstin. Schon dieser Umstand spricht für sich. Mehrmals betonte er, dem alten biblischen Wüstengott näher zu sein, als dem christlichen. Vielleicht hatte er ein jüdisches Vorleben? Wer weiß!

Wiedergeburt ist das einzige System – setzt man voraus, dass es tatsächlich real ist – welches jedes Lebewesen gleichwertig erscheinen lässt. Alles kann man einmal gewesen sein. Mann, Frau, Mensch, Tier, Jude, Christ, Moslem, Hindu, oder was auch immer es sonst noch gibt. Wer wirklich an Seelenwanderung glaubt, kann niemanden Aufgrund der Herkunft gering schätzen, denn das wäre unlogisch.

Menschen kann man nur aus ihrer Zeit heraus erklären und verstehen, deshalb sollte man scheinbar Antijüdisches, das Strindberg angeblich schrieb, nicht zu ernst nehmen, oder nicht im faschistischen Sinn interpretieren.

Ein kleines Beispiel für die Versuche bösartiger Menschen, ihn für eigene Propaganda zu benützen, findet sich in einem Brief an Schering.

*„In meinem Artikel "Herr Redakteur", Abendzeitung vom 23. Jänner, steht hebräische Mythologie; im Manuskript stand heidnische, also Manuskript gefälscht. Bitte ändern sie das!"*

Er ließ sich sogar mitunter berichten, wie sich der aufkeimende Antisemitismus äußerte.

Strindberg beschäftigte sich mit der Frage, wer er in einem früheren Leben gewesen sei. Das war in seinen Kreisen etwas ähnliches wie ein Gesellschaftsspiel. Da er ein intelligenter Mann war, wusste er sicher, dass Seelenwanderung alle Lebewesen gleich macht. Anders kann sie nicht funktionieren. Die Rede war in Zusammenhang einmal, ob er vielleicht Napoleon gewesen sein könnte. Das nahm er nicht mit Sicherheit an. Also war er skeptisch und ließ die Frage im Raum stehen.

Paranormale Fähigkeiten machten sich bemerkbar. In verschiedener Weise.

*August Falck, ein Mann den Strindberg aufgrund seines Namens sofort akzeptierte, erzählte eine seltsame Geschichte. Ein reicher Mann, Isaac Hirsch, gab jeden Morgen Bettlern Almosen. Das beobachtete Strindberg und er meinte, der Mann gebe zu wenig, denn weniger als eine Krone würde ihnen nicht helfen. Das werde nicht ungestraft bleiben, erklärte er dem Freund. Die Szene verwendete er in der Gespenstersonate. Aus Hirsch wurde Hummel, den er wie in einem Triumphwagen im Rollstuhl fahren lässt. Ein Jahr später fuhr Isaac Hirsch tatsächlich im Rollstuhl.*

Das würde ich als eine intuitive Voraussage bezeichnen und nicht als antisemitisches Zeichen. Wie man an dem Namen erkennen kann, war Hirsch Jude. Es ging aber in dieser Geschichte nicht um die Religionszugehörigkeit, sondern um das Verhalten eines reichen Mannes.

 Die Kuriosität mancher Parallelen, oder Zufälle, wie immer man es sehen und nennen mag, erschöpft sich nicht in gleichen Gedanken, Handlungen und Fähigkeiten. Mit Okkultismus hat das auch gar nichts zu tun. Hirsch wurde nicht in den Rollstuhl gezwungen, weil Strindberg paranormale Kräfte anwendete, oder ihn verfluchte. Es zeigt aber, dass Strindberg kein Schwätzer wie Przybyszewski war, sondern ein Suchender. Er besaß paranormale Fähigkeiten, deren er sich nicht bewusst war, im Gegensatz zu Przybyszewski, der nur darüber redete, weil es gerade modern war. Der Pole hätte wohl gerne paranormale Fähigkeiten gehabt. Doch er hatte bloß "hypnotische" Fähigkeiten, die es ihm erlaubten, Menschen zu manipulieren. Die Gegensätzlichkeit der beiden Männer könnte nicht besser beschrieben werden, als durch dieses Beispiel.

Przybyszewski lebte in jeder Hinsicht exzessiv. Er nützte Menschen aus und schien damit keine Probleme zu haben. Typisch für einen Narzissten. Im Gegensatz zu Strindberg, der zwar auch Menschen ausnützte - indem er über sie schrieb - sich deshalb aber immer schuldig fühlte.

So wurde er von anderen beschrieben.

*„Wir (d.s. Heinrich und Julius Hart) fanden uns mit Nietzsche so gut ab wie mit Spiritismus und Theosophie. Wir studierten beides, ohne uns von einem gefangen zu geben (...) Kaum ein anderer hat so wie er (d. i. der Pole Przybyszewski) den Übermenschen in sich gezüchtet und den Wahn bis zur Tollheit gesteigert (...) Die Rolle die in Garborgs Leben der Pietismus spielte, spielte bei Przybyszewski die katholische Mystik, mit deren Dämmer und Weihrauch seine Jugend erfüllt war. Die andere spielte der*

*Geist Nietzsches und die dritte gleichfalls Dämon Alkohol.* (7)

Weiter schreibt der Autor, indem er Przybyszewski zitiert:

„*Nietzsche und ich stecken in derselben Mutterlauge, in der slavischen Erde; ich weiß nicht ob er die polnische Sprache gekannt hat, jedenfalls ist ihm durch Vererbung die slavische Getragenheit, die Liebe für das Prächtige und Schwere geblieben. Nietzsches Styl, der in Deutschland neu ist, ist der slavische Styl par excellance..... Das also was an Nietzsche originell erscheint und was man mir von deutscher Seite als Nachahmung auslegen möchte, ist das nationale Gemeingut, die Eigenthümlichkeit der slavischen Sprache, ebenso wie der litauischen und des Sanskrit.*" Man merkt so nebenbei, dass er sich hier wieder gegen Plagiatsvorwürfe wehrt, die es häufig und zu Recht gab.Unbegreiflich, wie

Przybyszewski war also alles andere als sozialistisch und von Frauenrechten hielt er absolut nichts. Er glaubte an das Genie, sein Genie, als das er sich zu präsentieren versuchte, an die Elite, zu der er gehören wollte und angeblich an die Existenz einer Seele; und er verachtete den Materialismus. Die Vorrede zu De profundis sagt aus was er dachte. Dem kann und braucht man nicht mehr sehr viel hinzufügen. Lassen wir also den Polen selbst zu Wort kommen:

*„Pro domo mea „In ein paar Wochen gedenk' ich ein Buch herauszugeben: „De profundis", dem ich jetzt schon einige Begleitworte an Stelle der Vorrede vorausschicke. Ich möchte das Buch nur in wenigen Händen wissen – es ist kein Buch für das Volk – und diesen Zweck glaub' ich dadurch zu erreichen, dass ich es nur in einer sehr beschränkten Anzahl von Exemplaren drucken lasse."*

"Kein Buch für das Volk" bedeutet nichts anderes als: kein Buch für die dumme Masse.

Es folgt ein leidenschaftlicher Text, in dem er das Bürgertum angreift und mit ihm zahlreiche Personen. Tatsächlich war er der Hassende, wobei er immer darauf achtete, die von ihm Gehassten als Hassende darzustellen. Man kann sagen, er kehrte alles in sein Gegenteil, um anderen vorzuwerfen, was er selbst Böses tat. Das schienen viele nicht zu bemerken. Sie lasen aus seinen Werken nur heraus, was sie für richtig hielten. Anders lässt sich nicht erklären, weshalb man ihn für sozialistisch hielt, für einen Satanisten, einen Anarchisten und vieles andere mehr. In Wahrheit war er nicht mehr, als ein schlechter Mensch.

 Strindberg wäre nie auf die Idee gekommen, ausschließlich für ein „exklusives" Publikum zu schreiben. Ihm war klar, dass er vons einer schriftstellerischen Arbeit leben musste und er schrieb ja auch für die Leser und Leserinnen. Was er wollte war: den anderen sozusagen ein Beispiel zu sein, an dem sie Wahrheiten erkennen können. Weder wollte er der große Erlöser sein, noch der dramatische Zerstörer. Der Schwede blieb immer ein Teil der Gesellschaft. Allerdings machte er sich auch über andere lustig. Sie würden quasi über sich selbst lachen, meinte er einmal sinngemäß, weil sie sich nicht in den Figuren auf der Bühne erkennen würden.

Der Pole schreibt: *In „De profundis" handelt es sich um die Manifestation des reinen Seelenlebens, der nackten Individualität, des Zustandes der somnambulen Ekstase, oder wie die zahllosen Worte auch heißen mögen, die eine und dieselbe Tatsache ausdrücken, die Tatsache nämlich, dass es noch etwas Anderes gebe außer dem dummen Gehirn,* ein au delà vom Gehirn, eine unbekannte Macht mit seltsamen Fähigkeiten begabt, nämlich: die Seele - die Seele, die Ekel empfand, in der fortwährenden Berührung mit der lächerlichen Banalität des Lebens zu stehen und sich das Gehirn geschaffen hatte, um sich nicht jeden Tag prostituieren zu müssen ... Das Surrogat dieses unsichtbaren Seelenlebens: das logische Gehirnleben, kennen wir nun zur Genüge. Das ganze Fazit aller seiner wissenschaftlichen und philosophischen Spekulationen ist ein Ignoramus und Ignorabimus, also eine gänzliche Bankerotterklärung all seiner verzweifelten Bestrebungen. Das künstlerische Fazit - risum teneatis amici - ist der Naturalismus, die seelenlose, brutale Kunst für das Volk, die Bürgerkunst par excellence, die biblia pauperum für das schwache „normale" Gehirn, das denkfaule, feige, plebejische Gehirn, das Alles erklärt, Alles *zurechtgelegt haben will, das jede Tiefe, jedes Geheimnis verhöhnt und verspottet und für Verrücktheit erklärt, weil es die Seele hasst, nur weil es sie nicht begreifen kann. Ja! das rohe, stupide Bürgergehirn - die famose vox populi - hasst alles, was es nicht verstehen kann, vielleicht auch, weil es die bekannte Plebejerangst hat, düpiert zu werden. Nun ja: man überlasse dem Plebejer, was des Plebejers ist, mit Vergnügen sogar einige Herren, die durchaus „Großgehirnaristokraten" genannt werden wollen. ..................*

Das sind nicht die Worte eines Sozialisten, würde ich sagen. Abgesehen davon, dass ich das Gesagte an sich für Unsinn halte, zeigt es wie wenig sich der Autor mit "Plebejern", die ja gar keine Bürgerlichen sind, identifiziert.

Was will er damit sagen? Hört auf nachzudenken, weil eure Gehirne sowieso zu dumm sind, zu verstehen? Was wären wir denn ohne den logischen Verstand? Wissenschaft lehnt er ab? Kunst lehnt er ab? Alles lehnt er ab? Die nackte Seele wäre der Tod. Ich glaube nicht, dass er selbst versteht was er sagt.

Przybyszewski glaubt also an eine Seele. Das sagt er wenigstens deutlich. Mit Gott oder Satan hat das noch wenig zu tun. Weil die Anbetung aller anderen Götter und Göttinnen verboten wurde - anfangs hieß es: du sollst keine anderen Götter neben mir haben - wurden diese anderen Götter entweder zu Engeln erklärt, oder verbannt. Irgendwie musste man sich erklären, weshalb der "gute, oder strafende Gott" die Menschen hasst, auch wenn sie alles tun, was er angeblich von ihnen erwartet.

Nur wer an die Existenz eines Gottes glaubt, kann Satanist sein. (Was heute nicht mehr stimmt, die Amerikaner haben es geschafft) Wer gegen einen Gott revoltiert, der über absolute Macht verfügt, muss sehr mutig sein. Oder noch mächtiger.

Przybyszewski hielt sich selbst, wie erwähnt, gar nicht als Satanist. Ihn Satanist zu nennen, bezeichnete er sogar als Verleumdung. Er revoltierte nicht gegen Gott, sondern gegen gesellschaftliche Normen.

Worum ging es ihm eigentlich? Joris K. Huysmans und Peter Priskil schreiben:

*„Wenn die auf der sogenannten Sündentrias lastenden Verbote ihren bildlichen Ausdruck in der überdimensional ausfantasierten, strafenden Vaterfigur finden - Gott, der jähzornige Jahwe, der cholerische Rauschebart - dann liegt es nahe für das entgegengesetzte Prinzip seinen mythischen Gegenspieler zu wählen. Der Satanismus"* in der Literatur und bildenden Kunst des Fin de siècle ist der

115

*allegorische Ausdruck des Bestrebens, das religiös Verbotene zu tun.* Dieses *Verbotene besteht weniger in dem vermeintlich exzessiven Charakter der sexuellen Handlungen - hier hallt immer noch die Drohung nach, es sei etwas ganz Schlimmes - sondern in der Motivation: es nämlich vorsätzlich, bewusst, überlegt und mit gestalterischen Mitteln zu tun. Der Reiz der Blumen des Bösen und von A. Rebours gründet eben darin, das Verbotene mit den Mitteln der höchsten und verfeinertsten Sprachkunst zu feiern - Jean Genet sollte später nicht anders verfahren, - während der Satanismus, darunter auch die Sataniques von Félicien Rops, die plakative Sonderform dieser Kunst- und Lebensauffassung darstellen.*

Mit seinen Abscheulichkeiten, die er Frauen gegenüber von sich gab, sprach Przybyszewski viele Männer an, die unter der Angst litten, die Frauen könnten zur Konkurrenz werden. Da geht es auch nicht um Satanismus. Männer verehren ihn, weil er ausspricht, was sie sich vielleicht nicht öffentlich zu sagen trauen und weil er tut, was sie nicht offen zu tun wagen würden. Doch er verehrt niemanden. Zwar behauptet er, andere Männer würde er schätzen, achten, verehren, doch das stimmt nicht, denn er ist dazu nicht fähig. Aber er weiß wie man andere von sich abhängig machen kann, wie man sie in die Psychofalle lockt.

*Und sonderbar genug, daß gerade in einer solchen Zeit ein Künstler – allerdings auf dem Gebiet der »bildenden« Kunst – erstehen sollte, der in die schauerlichen Geheimnisse und Abgründe des Geschlechtslebens weit tiefer* eingedrungen ist, als irgend ein Philosoph vor ihm: Félicien Rops.

Man sehe sich seine Werke an, und man wird verstehen, was ich unter der Offenbarung der Seele im Geschlechtsleben meine. Hier nur ein paar Worte, wie Félicien Rops den ewigen Erreger der Liebesgärung, das Weib, auffaßt, um gleichzeitig auf die enorme Distanz zwischen dieser und der bürgerlichen Kunst hinzuweisen.

Für die bürgerlichen Künstler ist das Weib ein Spielzeug oder ein unglaublich edles Wesen, eine Kokotte, oder eine steif verschnürte, unnahbare Größe, sie ist ein Miezchen oder eine präraffaelitische Kunigunde ... he, he, wie singen doch unsere braven Lyriker von den verschiedenen Fräuleins?

Für Rops ist das Weib eine furchtbare, kosmische Macht. Sein Weib ist das Weib, das in dem Manne das Geschlecht wachgerufen hat, ihn an sich mit tausend wohlfeilen Listen kettete, ihn zur Monogamie erzog, die Männerinstinkte durcheinanderwarf, sie schwächte, verschob und verfeinerte, die Elemente seiner Begierden in neue Formen ordnete und ihm das Gift seiner teuflischen Lüste in das Blut impfte.

Und in der schmerzhaften Ekstase des Schaffens hat er die längstverlorenen Verbindungen wiedergewonnen, die uns an unsere mittelalterlichen Vorfahren knüpfen. Er ist nicht mehr der Mann, der sein Leben einsetzt für den lächerlichen Preis des Fünfsekundengenusses, er leidet nicht mehr unter dem Weibe, er bäumt sich auf in dem wilden Haß gegen die furchtbare, zerstörende Kraft und wird zu einem fanatischen Ankläger, der in der Raserei gegen seine eigene Natur das Weib unter Umständen dem Feuertode preisgeben würde, um die Welt von dem

*»größten aller Übel«, dem Weibe, zu*
*befreien.*

*Und hier steht er vollkommen im*
*Einklänge mit den mittelalterlichen*
*Diabologen. Man lese nur die Doktoren:*
*Bodinus, Sinistrari, Del Rio, Sprenger ...*
*Zwei Welten schmelzen ineinander und*
*begegnen sich in einer und derselben*
*visionären Erkenntnis der Wurzel alles*
*Daseins, der Wurzel jeglichen Schmerzes*
*und aller Qual.*

(14)

Was er da schreibt enthält schon einmal
einen krassen Denkfehler. Nicht die
Frauen haben die Monogamie erfunden,
sondern die Männer. Allerdings nur für die
Frauen, denn die Männer nahmen sich in
vielen Kulturen das Recht heraus, so viele
Frauen wie möglich zu "beglücken".
Sexuelle Begierde braucht als Auslöser
auch nicht unbedingt eine Frau. Sie ist da

und wenn keine Frau vorhanden ist, an der man sie ausleben kann, sucht "Mann" sich Ersatz. Leider konnte Przybyszewski nicht so weit denken. Dazu hätte er genug Verstand gebraucht. Doch den verachtete er. Man könnte sagen, er ertrank geradezu im Unterbewusstsein.

Statt den alten Aberglauben zu bekämpfen, schuf Przybyszewski einen neuen. Die schwülstige Sprache ändert daran wenig, sie unterstreicht vielleicht sogar die Unwissenschaftlichkeit seines Vorgehens.

In "die Gnosis des Bösen" schreibt er:

*„Die Menschen des Altertums standen zu der Natur in intimster Beziehung. Sie lebten unmittelbar mit und in der Natur, sie waren ein Stück von ihr, ein Stück Nerv, der die geringsten Veränderungen in der Natur nach außen signalisierte. Und, wenn alle Erfindungen des menschlichen Geistes nur Organprojektionen sind, so*

*war aller polytheistische Kultus eine Organprojektion der Natur in ihrer segnenden und zerstörerischen Macht.*

*Und wie die Seele den Mechanismus des Körpers, den sie von innen anschaut, nach außen projiziert, so hat sich die Natur selbst in mächtigen Symbolen in dem heidnischen Kultus geoffenbart. In einem wüsten Kampf zerreißt die Kirche Stück für Stück die Adern, durch die das Blut der Erde in den Menschen strömte. Sie zerstört die unbewusste Zuchtwahl der Natur, die sich nach außen in Schönheit, Kraft und Herrlichkeit äußert, sie beschützt all das, was die Natur ausstoßen will, wogegen sie so mächtig revoltiert: den Schmutz, die Hässlichkeit, die Krankheit, den Krüppel und den Kastrierten. Am liebsten hätte die Kirche alle Menschen kastriert, das Licht ausgelöscht .....*

Hier hört man schon die Botschaft anklingen, die einige Jahrzehnte später die europäische Geschichte so blutig werden hat lassen. Der „Übermensch" lässt grüßen, der rassistische Faschismus war in seinem Kopf bereits geboren. „*Worin bestand mein Satanskult?*" schreibt er. Das konnte er nicht wissen, er starb ja schon 1927, also kurz vor der Machtergreifung des Satans, genannt Hitler.

Strindberg geriet zwar auch in den Bann Nietzsches und anderer Wegbereiter, für einen Übermenschen hielt er sich nie. Schließlich war er als Büßer in diese Welt gekommen. Das war sein großes Glück.

Von Przybyszewski fühlte er sich telepathisch verfolgt, was kein Wunder war, denn der Pole wirkte auf andere Menschen geradezu hypnotisierend. Sogar ohne direkten Kontakt herzustellen. Peter Altenberg machte ihn sogar für den Tod Otto Weiningers verantwortlich. Angeblich erfolgte dessen Selbstmord unmittelbar nach der Lektüre der „Totenmesse".

Das Publikum liebt Exzentriker und es liebt dramatische Lebensgeschichten. Beides bot Przybyszewski seinem Publikum. Trotzdem war er keine Kunstfigur, wie man in der neuen Zeit Künstler nennt, die sich verkleiden, sich auf bestimmte Weise verhalten, als wären sie keine echten Menschen, sondern lebendige Puppen.

Im Umgang mit anderen Menschen ging er immer auf gleiche Weise vor. Er nützte sie zuerst aus und ließ sie später fallen, wenn sie sich gegen ihn auflehnten. Der mächtige Gott wollte ER sein, nicht der Satan, den er angeblich verehrte. Absolute Macht über andere wollte er ausüben, um sie zu zerschmettern, sobald sie sich zur Wehr setzten.

Loyalität kannte er nicht. Seine erste Frau gebar ihm noch ein drittes Kind, als er bereits mit einer anderen Frau verheiratet war. Noch dazu wünschte er ihr den Tod. Sie starb tatsächlich. Woran lässt sich nicht sicher feststellen. Von Selbstmord, oder einer Blutvergiftung nach einer Abtreibung war die Rede. Przybyszewski wurde verdächtigt, den möglichen Selbstmord herbeigeführt, oder unterstützt zu haben. Er wurde verhaftet, aber wieder freigelassen. Wittlin schreibt: "*Marta hatte das Badefaß in ihr Zimmer geholt. Es war voll Wasser, und darin lag Marta. Sie war tot, aber nicht ertrunken. Auf dem Fußboden in der Nähe der Wanne fanden sie (ihre Mitbewohner, Przybyszewski Halbbruder und dessen Frau, R.L.) eine leere Flasche, die Gift gegen Ungeziefer enthalten hatte.*"

Diese Flasche habe Przybyszewski einige Zeit zuvor in Foerders Zimmer deponiert, damit sie es bei Gelegenheit schlucke. Um dies zu befördern, habe er sich in den Tagen vor ihrem Suizid immer wieder auf das heftigste mit ihr gestritten.

Strindberg schrieb in einem Brief an Frieda Uhl. *„Erzähl mir die Wahrheit von der Geschichte des Polen Pzby, der verhaftet wegen Mord auf Frau und Kinder. Welche Frau? Die Frage hat ein spezielles hohes interesse für mich. er hat nämlich mein Leben gedroht und ich habe Warnung von Munch und Andere erhalten. Er vergiftet mit Gaz! Ich fürchte nicht, aber es ist interessant! Hoch!"*

Przybyszewski war also vermutlich nicht nur ein Narzisst, sondern auch ein Psychopath. Immer wieder wird behauptet, Strindberg sei von dem Polen nie bedroht worden. Doch das kann man nicht einfach so als Wahrheit voraussetzen, weil immer nur bekannt wird, was vor Zeugen gesagt wurde. Ein Gespräch ohne Zeugen taucht in der Öffentlichkeit nie auf. Es deutet jedoch alles darauf hin, dass er sehr wohl bedroht wurde.

Psychische Erkrankungen waren in diesen Künstlerkreisen „normal". Munch, der ebenfalls im Ferkel-Kreis verkehrte, litt beispielsweise zeitweise nachweislich an Verfolgungswahn.

Strindbergs psychischer Zustand war zu dieser Zeit auch eher zerrüttet.

Zudem gab es vielfältigste Spannungen zwischen verschiedenen Personen, seit Dagny Juel auftauchte. Sie brachte die Männer gegeneinander auf, weil diese sich in sie verliebten und sie sich auch auf einige Männer einließ. Wer aller mit ihr eine Beziehung hatte ist unbekannt, es müssen aber viele gewesen sein, denn das lässt sich aus einer späteren Bemerkung Przybyszewskis ablesen. Doch halt! Genau das ist der Irrtum bei der Geschichte, die leider von vielen Kritikern und Anhängern übernommen wurde. Da nur wenige richtig recherchieren, sondern lieber ihre Meinung stützen wollen, wird ein Irrtum, bzw. eine Lüge, von einem zum anderen weiter gegeben. Sie war keine Hure, wie ihr Mann es von ihr behauptete.

Es lässt sich schwer nachvollziehen, was jeweils echte Bedrohung war und was Einbildung, aufgrund unbedachter Äußerungen, oder überreizter Nerven.

Zeitweise wurde auch Munch von Strindberg als Bedrohung aufgefasst, was auch nicht ganz absurd ist, auch wenn er keine reale Bedrohung dargestellt haben mag. Sein Verhalten an sich, seine Handlungsweisen, mögen ihn suspekt und somit bedrohlich erscheinen haben lassen. Munch heiratete nie. Zuweilen lebte er ohne Personal, weil ihn die fixe Idee verfolgte, Wirtschafterinnen könnten ihre Arbeitgeber durch Soßen gefügig machen. Eine Frau die ihn zur Ehe drängte, wies er energisch ab; er verletzte sich erheblich an zwei Fingern der linken Hand, als er sie hinderte, sich mit einer Pistole zu

erschießen. Dergleichen Episoden
versetzten ihn in eine Art
Verfolgungswahn, von dem er sich in acht
Monaten - ohne seine Arbeit zu
unterbrechen - in der Anstalt eines
Kopenhagener Arztes kurierte. Danach sah
er etwas milder auf die Frauen, wie er
ohnehin nichts nach trug. Munch meinte:
"Ohne Lebensangst und Krankheit wäre
ich ein Schiff ohne Ruder gewesen."

Irgendwie irre, dass Ärzte die Menschen
zuerst krank machten, indem sie ihnen
Drogen gaben, um sie dann mit weiteren
Drogen heilen zu wollen. Das konnte ja
nicht gut ausgehen.

Munch ist nur ein Beispiel von vielen
psychisch gestörten Menschen in
Strindbergs Freundeskreis. Es wäre
überraschend, hätte keiner von ihnen den
Verstand zumindest phasenweise verloren.

Ich denke die Bekanntschaft mit dem Polen war für Strindberg eine traumatische Erfahrung. Von einer Hassliebe kann man da wohl nicht sprechen. Przybyszewski war in Strindbergs Leben mit Abstand die furchterregendste Person. Er hatte den Eindruck es handelte sich bei ihm um einen ernstzunehmenden Feind, der Menschen tötete. Nicht unbedingt mit eigener Hand, aber aufgrund psychischer Manipulation. Diese Feindschaft konnte Strindberg nicht beenden. Deshalb bestand sie fort, solange Przybyszewski lebte und Strindberg schon gestorben war; wenn auch auf einer anderen Ebene.

Viele Behauptungen Przybyszewskis scheinen falsch gewesen zu sein. Er "erinnerte" sich nur falsch, meinte man. Vielleicht irrte er sich, wahrscheinlicher ist, dass er oft absichtlich irrte, um besser dazustehen. Man muss jedoch zwischen den normalen Lügen und scheinbaren Irrtümern unterscheiden.

*Man darf in dieser ganzen Angelegenheit wohl mit Recht behaupten, daß Przybyszewskis Erinnerung, wie so oft, ungenau ist.*

*(15)*

George Klim versucht den Polen von allen Unterstellungen frei zu sprechen. Unter anderem erklärt er, Stachu habe sich eben nur manchmal falsch erinnert. Er zählt eine Menge, aber nicht alle Beispiele auf, wo im Prinzip die Aussagen stimmen würden, aber nur kleine Details falsch seien.

Das könnte man nun als Folge des exzessiven Lebensstils interpretieren. Jeder Rausch zerstört  Gehirnzellen und bei einem Alkoholiker bilden sich im Laufe der Jahre Löcher im Gehirn. Andererseits ist es typisch für pathologische Lügner, erfundene Geschichten zwar immer auf gleiche Weise zu erzählen, aber immer jeweils ein kleines Detail zu verändern. Man kann weder die eine, noch die andere Variante beweisen, aber ich tippe auf pathologischen Lügner.

Przybyszewski war also nachweislich unehrlich, untreu, schmückte sich mit fremden Federn, war egoistisch, rücksichtslos, freute sich über das Unglück anderer, war schwerer Alkoholiker, kein Sozialist, keiner der eine Gesellschaft aufbauen möchte, sondern ein Zerstörer. Das Zerstörende setzte er mit Satan gleich und deshalb betrachtete er sich als ein Kind Satans, aber nicht als einen Satanisten. So sagt eine Figur in seinem Roman:

*"Hätte Napoleon die Welt zerstört, nur um zu zerstören, hätte er Throne umgestürzt, um sie nicht neu zu besetzen, hätte er die Ordnung der Dinge aufgelöst, nicht um sie wieder neu zu formen, dann wäre er für*

*mich ein Gott! Nein, nicht Gott! (...) Aber er wäre für mich ein Satan!* (S. 64)

Das Höchste überhaupt ist daher die Zerstörung um der Zerstörung Willen und der Verzicht, Neues auf den Trümmern des Alten zu errichten. Denn so wie er sich artikuliert, würde er "Napoleon-Satan" verehren.

*An Lust der Zerstörung stehen Satans Kinder Gordon in nichts nach; so wünscht sich der todkranke Ostap der "die Empörung und die Revolte mit der Tat predigen will" (S. 30): Nur das Eine laß mich noch erleben, die große Vernichtung, das große Glück, dies eine Gefühl, dass alles um mich her mit mir zu Grunde geht* (S. 29) (16)

Das alles legte er nicht nur seiner Romanfigur in den Mund, sondern er gab vor, auch daran zu glauben. Und dann geschah folgendes:

Geprägt durch die Berliner Bohème wurde er als Herausgeber der polnischen Zeitschrift „Życie" (Leben) ab 1898 in Krakau zu einem der Wegbereiter des Jungen Polen (Młoda Polska). Als dessen Manifest veröffentlichte er 1899 seine Schrift „Confiteor". Nach dem ersten Weltkrieg engagierte sich Przybyszewski für den Aufbau des neuen polnischen Staates, ab 1924 erhielt er eine Stelle in der Zivilkanzlei des polnischen Präsidenten in Warschau und wurde wegen seiner Verdienste für Polen mit dem Offizierskreuz und dem Kommandeurskreuz des Ordens „Polonia Restituta" geehrt. https://www.porta-polonica.de/de/atlas-der-erinnerungsorte/stanislaw-przybyszewski

In Posen bewarb er sich um die Position eines Direktors eines literarischen Theaters, doch seine Arbeit mit deutschen politischen Broschüren während des Krieges verhinderte die Ernennung. Er

*bekam einen Job als deutscher Übersetzer*
*für die Post. 1920 fand er in Danzig*
*ähnliche Arbeiten bei den Eisenbahnen. Er*
*lebte bis 1924 in Danzig und leitete dort*
*eine polnische Buchhandlung. Nach*
*Danzig versuchte er, sich in Torun,*
*Zakopane und Bydgoscz niederzulassen-*
*alles ohne Erfolg. Schließlich fand er*
*Arbeit in Warschau in den Büros des*
*Präsidenten. Er lebte in Zimmern des alten*
*königlichen Schlosses.*

*1927 kehrte er in die Region Kujawy*
*zurück und starb im November dieses*
*Jahres im Alter von 59 Jahren in Jaronty.*

(17)


Was hier nicht erwähnt wird:
Zwischendurch musste er die Flucht
aufgrund verschiedener Skandale antreten
und deshalb Polen verlassen. Später kehrte

er wieder zurück. Sehr erfolgreich war er offenbar nicht.

*Mit erstaunlicher Offenheit schreibt er an den Musiker Conrad Ansorge in Berlin:*
*"Mein Gott, zuerst kam ich in meine Heimat wie in ein Paradies, alle Menschen waren*
*um mich her, mit allen habe ich getrunken, habe von allem Herrlichen da draußen* erzählt, vor lauter Trunkenheit kam ich nicht zum Schreiben. Dann habe ich die *Redaktion eines polnischen literarischen Blattes übernommen – man glaubte, ich werde zahm und nett werden, weil mich die Menschen so gar sehr liebten, und da kam*
*ich ins Fegefeuer, und da musste ich wieder trinken, weil es mir gar zu heiß wurde. Und vor lauter Hitze habe ich es noch toller getrieben und kam in eine wirkliche Hölle. Das Blatt habe ich glücklich bankrott gekriegt, und da musste ich selbstverständlich sehr trinken."*(18)

Seine Ehe mit Dagny, die schon lange todunglücklich in der Ehe war, scheiterte dramatisch. Er verprügelte sie sogar und warf sie hinaus, nahm ihr die Kinder weg. Sie wollte diese furchtbare Ehe nämlich endlich beenden. Deshalb ereilte sie ein ähnliches Schicksal wie Strindberg, denn einen Narzissten verlässt man nicht, man wird von ihm verlassen.

Nun kam die Rache. Er verleumdete sie. Zu ihrem Pech glaubte man ihm auch. (Weiter oben habe ich geschrieben, was er ihr unterstellt hatte.) Denn wenn er eines ist, dann ein Meister der Manipulation. Wegen der Kinder kehrte sie zu ihm zurück. Ein schrecklicher Fehler, denn jetzt zerstörte er sie psychisch erst recht. Es war ihr Todesurteil.

Ihre Ermordung durch einen Bekannten Przybyszewskis, den er mit ihr gemeinsam an einen Ort geschickt hatte, an den er später auch kommen wollte - angeblich -

war sehr mysteriös. Zwar lässt es sich nicht beweisen, aber die Wahrscheinlichkeit, dass der Pole alles arrangiert hat, ist sehr groß. Als man ihm von ihrem Tod berichtete, reagierte er nicht einmal. Schon zuvor hatte er eine neue Geliebte gefunden, mit der er gerade zusammen war. Wie er es geschafft hatte, den armen Mann zu Mord und Selbstmord zu treiben, wird wohl niemand jemals erfahren. Der Mörder tötete nicht aus Hass, nicht aus verschmähter Liebe, sondern um sie vor irgend etwas zu schützen. Das geht aus den Worten hervor, die er einem Freund hinterließ.

Przybyszewski erhielt also sogar einen Orden. Eine Ironie des Schicksals ist wohl, dass der Orden Poloni Restituta, in etwa "Wiedergeburt Polens" bedeutet. Das klingt natürlich in den Ohren seiner Verehrer ehrenhaft. Obwohl sie sich gerade deshalb von ihm abwenden sollten, weil er mit allem gebrochen hatte, was ihm angeblich wichtig war. Statt totaler Zerstörung und Befreiung der Seele, arbeitete nun sein verhasstes Bürgergehirn für die Errichtung eines bürgerlichen Staates. Warum hat er die Orden angenommen?

Wie wichtig oder aussagekräftig diese Ordensverleihungen waren, sei dahin gestellt. Denn dieser Orden wurde vielen Leuten verliehen. Sie mussten sogar dafür bezahlen.

(19)

Das sind billige Methoden, Menschen glücklich zu machen und sie bei der Stange zu halten. Als die Habsburger am Rande des Abgrunds standen, wurden inflationär Adelstitel verliehen und der letzte Herrscher der Türkei wollte den Untergang verhindern, indem er auch Bewohnern seines Reichs die keine Moslems waren, zu gleichwertigen Menschen erklärte.

Im Dorotheum in Wien wurden übrigens solche Orden vor kurzem um 70,-- Euro ersteigert.

Das alles erinnert mich frappant an so manche Heiligen Legende. Die katholische Kirche hat bekanntermaßen viele Leute heilig gesprochen, die arge Verbrechen zu Lebzeiten begangen haben. Irgendwie passt dieses Ende des Polen sehr gut zum Gesamtbild. Aus dem bösen Menschen, der viele andere ins Unglück stürzte, der immer nur an sich selbst dachte, alle und alles mit sich in den Tod reißen wollte, alles um sich herum für immer zerstören wollte, wurde der "gute Pole", der wertvolle Hilfe leistete, als es darum ging, den polnischen Staat aufzubauen. Ein Mensch auf den man stolz ist. Ein Aushängeschild.

Kein gutes Omen.

(1)
http://de.wikipedia.org/wiki/Max_Dauthend
ey#Finanzielle_Dauermis

*(2)*
*https://assets.deutschlandfunk.de/FILE_89*
*499f2c85c597bf7c2ba70dbd3b44f9/*
*original.pdf*

*(3)*
*http://www.literaturkritik.de/public/rezensi*
*on.php?rez_id=11672*

*(4) (4)*
*http://home.swipnet.se/webjoy/brief11.htm*
*l"*

*(5)http://www.yelp.at/biz/omar-absinth-bar-*
*lounge-wien*

*(6) http://gesund.co.at/absinth-12355/*

*(7) http://de.wikipedia.org/wiki/Absinth*

*(8) Der Atheismus und seine Geschichte im*
*Abendlande https://www.projekt-*

gutenberg.org/mauthner/atheis1/chap026.html

(9) http://buchwurm.org/przybyszewski-stanislaw-gnosis-des-boesen-die-10630

(10) http://de.wikipedia.org/wiki/Hexenverfolgung

(11) Über Stanislaw Przybyszewski: Rezensionen, Erinnerungen, Porträts, Studien ... herausgegeben von Gabriela Matuszek Seite 302 Igel Verlag

(12) https://www.via-regia.org/bibliothek/pdf/heft6061/steltner_grenzgaenger.pdf

(13) (Lieber Vater, Lieber Gott?: Der Vater-Sohn-Konflikt bei den Autoren des ...von Arno Gassmann, Igel Verlag Seite 41)

(14) http://gutenberg.spiegel.de/buch/2796/110)

*(15) Stanislaw Przybyszewski von George Klim, Seite 143 Igel Verlag*

*(16) Über Stanislaw Przybyszewski: Rezensionen, Erinnerungen, Porträts, Studien ...herausgegeben von Gabriela Matuszek Seite 320 Igel Verlag*

(17) https://de.wikibrief.org/wiki/Stanis%C5%82aw_Przybyszewski

(18)https://assets.deutschlandfunk.de/FILE_89499f2c85c597bf7c2ba70dbd3b44f9/original.pdf

(19) (19) https://de.wikipedia.org/wiki/Orden_Polonia_Restituta